華嚴經

開悟後的生活智慧

入法界品精要

蕭振士、梁崇明◆編譯

目次

序

《華嚴經》在佛經中是經中之王，也是王中之王，這是因為華嚴世界的富麗及莊嚴，為佛正覺的無礙智慧，經中多處顯示廣狹自在、念劫圓融的境界，超越了語言文字，為如來之「不可思議境界」。

為何古德常說：「不讀華嚴，不知佛教的富貴。」因為《華嚴經》的內容是包羅萬象，講理無礙法界，事無礙法界，理事無礙法界，事事無礙法界。一能容大，大能容小，一無量，無量為一，一即一切，一切即一，海印三昧同時顯現，這就是華嚴的境界。

《華嚴經》為釋迦牟尼佛成道後在定中所宣說，此經充滿傳奇色彩，釋迦牟尼佛說完後，此部經並沒有留傳到世上，而是被龍王請到龍宮去供養，並於佛滅度六百年之後，由龍樹菩薩從龍宮再傳到人間。龍樹菩薩將世間所有一切的文章、論議、經典統統都讀完了，在龍宮裏見到此部大經，才知道自己原本所知只是管窺之見，因為發現此經義理之高，經中的境界所現智慧、功德、願力、瑞相、神變，整個過程是在時空統一、體相一如的狀況下現出的，智慧無量不可測，若是能把這部《華嚴經》明白了，就是得到佛的全身了。

《華嚴經》中的〈入法界品〉是一個可獨立閱讀的篇章，在歷史上它曾以單品經的形式流傳過，可說是整部《華嚴經》的總結和縮影，此經的重要思想在此品中得到了完整的體現與深化。

本書摘取〈入法界品〉之精華，並用非常通俗的語言將經文做逐字逐句的解釋，提供給忙碌的現代人，也能從精華的內容中快速地掌握到此經之奧妙。更為重要的是，此品的核心內容為深入法界、隨順法界，也就是入世間的具體修行過程，可供讀者在世間事業中效仿學習。

本書節錄的重點，就其故事情節，〈入法界品〉的內容是以善財童子發心後，偏歷諸方向善知識參學的經過為主軸。首先，善知識的重要性不可忽視。善財童子遍參諸多善知識，而走上信、解、行、證的歷程，他每一次參訪善知識就是一次生命的洗禮。在成佛之道的路上，善知識是眾生修行成佛的重要外緣，不親近善知識，就沒有正確的知見，這正是〈入法界品〉以及善財童子給予修行者的修行示範意義。

其次，就其時空概念，收錄多篇廣博嚴麗的場景，一探其華嚴境界之不可思議。由於《華嚴經》是一部宣說境界的經典，神變、瑞相佔去極大篇幅，屬於超人間的、非世俗的情境。當中人物、場景之浩瀚與神奇，亦是〈入法界品〉絕妙之處。

此富麗莊嚴的成佛境界，為諸佛最圓滿的展現，隨處可見華嚴的境界：「須彌納芥子，芥子納須彌。」理論基礎就是華嚴的法界觀，也就是圓融無礙整體觀，在這法界中，每一事物或法都具有其獨特的不可被取代的價值，同時又涵攝其他一切法，萬事萬物如因陀羅網般相互交映、重重無盡，也就是宇宙一體的觀念。微塵裡面的世界，清淨廣大如虛空；每一個毛孔中，都示現無數的佛國世界，小可入大、大可入小，一即是多、多即是一，不是一般常識能夠想像得到的，卻皆可在如來釋放出之圓融無礙境界中泯絕。

在此整體的宇宙觀當中，也可看出「果」至「因」的敘事順序，「因果」關係是倒過來的，透過修行與實證，有時是「因果同時」，有時是「因果俱泯」。這也是華嚴的核心「因果圓融」，唯有跳出時空框架、世間思惟，才能得其要。

華嚴的內涵是清淨的，修行以自性清淨心為起點，也是本書收錄的重點。經中各處提到二乘之人，對華嚴的境界是不能見、不能知、不能聞的，怎麼思惟都看不到這個世界，其中的修行重點、關鍵是能以自性清淨心契入法界境，體悟到存在的本性，而能毫無障礙地進入華嚴世界。

誠如古人所云：「不讀入法界品，不知證悟的境界。」《華嚴經》中，深入法界為菩薩修行成佛的必經之路，這一修行思想，就在〈入法界品〉中通過善財童子的具體修行過程得到了淋漓盡致的表現，菩薩是廣觀世間相而深入世間，能不捨世間，又不為世間所拘，世俗生活的各個方面都能納入修行生活之中，社會上的一切等級、一切職業者，以及世間的一切世俗生活和技能，都是修行者深入法界的具體法門。因此，〈入法界品〉可以說是佛教修行的關鍵性環節，是開悟後的生活智慧。

「華嚴」含有以「華」作「莊嚴」之意，華嚴世界，也就是用「花」來莊嚴這個世界。花的表法，指的就是內在的起心動念，也就是因。因地，是最初那個無染心的境界。從因地之萬行，來契入如來的果德，即是用清淨的善心莊嚴，因中之花最後所結的果，就是不思議解脫境界的無上佛果。〈入法界品〉所教導的修行法門與境界，可作為讀者借鏡，透過此一過程，從一切世俗生活中達到覺悟，開發自己所蘊含的自性清淨心，使其如其所是地顯現出來。用最初，最美的這顆心，來開創這個世界。

導讀

《華嚴經》全名《大方廣佛華嚴經》。本經流傳中國有三種譯本：

八十華嚴：唐實叉難陀譯，又稱新譯華嚴，共八十卷。

六十華嚴：東晉佛陀跋陀羅譯，又稱舊譯華嚴，共六十卷。

四十華嚴：唐般若譯，為入法界品的別譯，又稱貞元經，共四十卷。

本書採用的是《八十華嚴》金陵刻經處影本，原因是現今流傳最廣、普遍被採用的就是這個版本。

〈入法界品〉屬證的部分，也就是總結，是最重要的部分，因此讀其中精華便能掌握《華嚴經》的重點內容。為方便讀者整體性地了解，筆者將白話文篩選、判斷出較重要的概念後畫線，並將相關概念略加說明如後，有效促進讀者的閱讀理解。

入法界的意義

「法界」的概念有三種含義：一是「法因」，指眾生成佛的根由即「佛性」、「真如」、「真心」。二是「法性」，指事物的本性、規定性。三是「法相」，指具體事物的界限、差別相及事物的外在相狀。在《華嚴經》中就是指「世界」、「世間」，具體就是毗盧遮那佛所主的蓮華藏莊嚴世界海及其眾生所在的世間。《華嚴經》正是以上述諸義來使用「法界」概念的，而〈入法界品〉的主旨正是在上述三方面含義的基礎上展開的。

從上述所言「法界」的三種含義去理解「入法界」的意旨，則可以得出三層含義：第一，「法界」為佛性之義，也就是「一心法界」或「一真法界」，所以「入法界」就是開發自己所蘊含的「如來藏自性清淨心」，使其如其所是地顯現出來。

第二，「法界」是諸法的理體，而諸佛所證的境界正是這種諸法的理體，因此證入法界之理就稱之為「入法界」。

第三，「法界」既然是「佛之世界」及其「眾生之世間」，因此，「入法界」也就是遊心於諸佛世界以及深入眾生所在之世間，一方面在佛國世界之中體味諸佛之智能，另一方面又在眾生世間實踐救度教化眾生的功德。

《華嚴經》之所以強調深入法界、隨順法界，一個很重要的原因是既將「法界」看作成佛之因，又將其看作佛之境界即佛果。

深入法界、隨順法界是華嚴世界之修行的關鍵性環節，《華嚴經》云：「遊心清淨法界，所行饒益諸群生」，可以看作是佛教實踐的綱領。

善財童子之名的含義

從表面上言之，善財童子之所以得名是因為其出生時顯現出財寶，而且一般都容易從物質財富角度解釋。其實，此名以及〈入法界品〉的描述具有深刻的象徵意義。

善財童子之得名至少可以有三層理由：

第一，善財童子出生之時所顯現出的無數無量財寶，是其累世修行之福報，即其「善」行為因，「財」顯為果。此中之「財」多指有形質之財。

第二，「財」為順道應機之所得，「財」現是其「善」，相稱曰善財童子，也就是顯現出的財富是與其善行一致的、相稱的。此中之「財」通有形質與無形質兩種性質。

第三，「善財童子」是指此位童子之善根堪為大菩薩而當來成佛，行德為「善」，積德無盡曰「財」之義。此中之「財」多指無形質之財，即「菩薩所修善根」，再進一步則可以說就是菩提心。

菩提心

遍覽〈入法界品〉，經上不厭其煩地闡明菩提心的重要性，每當善財要參訪新的善知識之前，必當先自已發了菩提心，再虛心地向善知識請益法要，以強化思惟，利於實踐，由此益證菩提心的重要性。

對於菩提心的意義，華嚴經云：「菩提心（梵語 bodhi-citta）出生一切諸不薩行，十方三世諸佛，皆從菩提心而出生故。」

菩提是覺悟的意思，菩提心（梵語 bodhi-citta）是覺悟之心，善財的發菩提心學佛，是文殊菩薩勸發的。文殊表示智慧菩提心，乃修學菩薩道的起始點，但也表示信解的信。菩提心不是一般的發心或歡喜心、隨喜心。所謂發菩提心，就是發成佛之心。

〈入法界品〉中對於菩提心如何漸趨圓滿，闡明如果發菩提心則能洞觀「一即一切，一切即一，相即相入」的廣大無礙境界；甚至可以說，不發菩提心就無法體證華嚴自內證境界，也無法圓滿普賢行願，更無法圓成實證佛智。佛弟子若欲成佛，必須發過菩提心，菩提心一發，是永無止境的，乃至成佛，都不能有一時一刻捨離。由此可見，菩提心乃是一切修學、成就的關鍵所在。

善知識

修行這條路，善知識的指引猶為重要，若無大智當前導，藉以生起大悲心，繼而發起菩提心，猶如田地無播種種子，必無結果之可能性；也就是說，空有悲心願力，而無善知識引導開示，也恐徒耗心力，甚或老牛耕錯田。

知識的種類則分為五種：一、知識世間善惡因果而令修斷；二、厭世樂而欣涅槃；三、有悲心相而心修度，四、以無相慧令物修行，五、令無障礙修滿普賢行。

雖論及善知識有多種，然唯有「令無障礙修滿普賢行」者才真善知識。真正的善知識是引導吾人臻於圓滿普賢行者，引領整個法界眾生圓滿普賢行而趣入華嚴世界。

善知識身分的類別

佛教的信行者	比丘五位，比丘尼一位，優婆夷四位。
外道的修行者	仙人一位，出家外道一位。
世俗社會地位	國王二位，婆羅門二位，長者八位，居士二位。
青少年	童子三位，童女二位。
各種職業	童子師一位，船師一位。
（男）人與女人	人一位，女人一位。

善財所參訪的菩薩世界，是廣泛地包含了各種年齡層次的、各種社會階級的、各種職業層面的、各種宗教領域的、各種信仰對象的，其中或男性或女性。強調女性身的菩薩之多。而魚人海師，是賤民階級，在傳統的印度社會中，他們是沒有地位的，在《華嚴經》中，卻是大菩薩，這也表達了《華嚴經》中萬法平等不二的法界觀。

四聖世界

聲聞：證得苦寂滅道四諦

圓覺：順逆觀察十二因緣

菩薩：圓滿萬行六度

諸佛：得無上正等正覺

六凡四聖又可合稱為十法界，這完全依於精神層面作分別，其境界分別如下：

六凡：不自覺、不自利

聲聞、緣覺：能自覺、能自利

菩薩：自覺覺他、自利利他

諸佛：無所不覺、無所不利

華嚴十大數

《華嚴經》有阿僧祇品，從阿僧祇列起，共有一百二十三數，最後最大數目有十種，簡稱「華嚴十大數」，凡說數目多，便以十大數喻，所謂：

一、阿僧祇，
二、無量，
三、無邊，
四、無等，
五、不可數，
六、不可稱，
七、不可思，
八、不可量，
九、不可說，

十、不可說不可說。

不可說不可說是十數中最大數，雖言不可說不可說，佛及大菩薩猶知之，若以凡夫立場，雖阿僧祇，亦不能體會。

十大行願

行是行動、實踐，願是理想、抱負，從實際行動中能實現理想，使願行一致。實踐與理想統一。

要成就佛功德，當遵修十種大行大願：

一者、禮敬諸佛，

二者、稱讚如來，

三者、廣修供養，

四者、懺悔業障，

五者、隨喜功德，

六者、請轉法輪，
七者、請佛住世，
八者、常隨佛學，
九者、恆順眾生，
十者、普皆回向。

華嚴經的宇宙觀

世界海

《華嚴經》中稱三千大千世界為世界海，世界所組成的海，可謂壯觀異常，一真法界中，無量無數的大千世界包含其中，不可勝數，不可窮盡，世界之大，超乎凡夫所能想像。

整個華嚴世界，由小到大，層層遞進，浩瀚無盡，令人嘆為觀止，整理如下：

世：時間的遷流，過去、現在、未來，三世。

界：空間的劃分，東西南北上下，十方。

世界：一個日月圍繞照耀之下的時空。

小千世界：一千個世界。

中千世界：一千個小千世界。

大千世界：一千個中千世界。

三千大千世界：即大千世界，因為三個千連乘，所以叫三千大千世界。

一佛剎：一尊佛教化的國土，含括三千大千世界。

娑婆世界：釋迦牟尼佛（法身即毗盧遮那佛）的佛剎，位於「普照十方熾然寶光明世界種」的第十三層。

普照十方熾然寶光明世界種：位於「無邊妙華光香水海」的中央。

無邊妙華光香水海：位於「華藏莊嚴世界海」的中央。

華藏莊嚴世界海：位於「十方世界海」的中央。

十方世界海：在「一真法界」中。

一真法界：諸佛證悟，如來以「一真法界」為身。

法界緣起

法界緣起，為華嚴之特色，指萬法彼此間之脈絡為相互交錯，互相融通。宇宙萬象，在此法界緣起之大系統下，物物關聯，事事無礙。一事物涵攝其他事物，而又為其他事物所涵攝，每一事物都是如此，這種具足或涵攝，是全體的，不是部分的。我、眾生與佛也圓融一體，外相雖有別，不生不滅的體性相同。也稱爲「一即一切，一切即一」。《華嚴經》中無盡緣起、法界無盡、無量諸佛的觀念都是植基在這無盡的場域。華嚴教理之圓融能於宇宙間之現象與現象中，將其教義呈現於法界無礙極至。

念劫圓融

又作一念與無量劫融即。在佛教的計時單位中。「剎那」是表示極短的時間，「劫」

是表示極長的時間。《華嚴經》云：「我能深入於未來，盡一切劫為一念，三世所有一切劫，為一念際我皆入。」一念攝劫，劫攝一念。因時間無體性，故念與劫即入而圓融無礙。

大小相入

華嚴世界是大的容納小的，小的容納大的。經文中隨處可見「大小相即」的法界觀，如：「一毛孔中一念所入諸佛剎海」、「如來能於一毛孔中，示現過去一切諸佛」、「一毛端處，而普現身一切世界者」……等。

《華嚴經》的境界是：「須彌納芥子，芥子納須彌。」芥子是芥菜子，比喻極為微小。從事相上觀察是有所矛盾，而且不合邏輯。因為，以須彌山之高大、廣寬能納入微小的芥子，而無所增減，是可以理解；反之，芥子如是細小，空間有限，竟能容納無限大的須彌山，而不會產生擠壓及變形，怎麼可能呢？這是因為見了大，便被大所障礙，見小，被小所障礙，於是總往大小兩邊生知見，誤以為實，互不可融攝。然而在理上是大小互融的，如中醫看一個穴位就能看完整的人體，微觀跟巨觀是一樣的，看小的就等於看大的，只要觀全事之理便能知全事，無所妨礙。因為芥子是因緣生，須彌也是因緣生，二者皆無自性，所以芥子不礙須彌，須彌不礙芥子，而互相無礙。自性大而無外，小而無內，事物本無大小分別，所大所小都生於心。

海印三昧

《華嚴經》所依之根本定，為十種三昧之一，又稱「海印定」。

海印三昧，就是「如於大海中印象一切之事物」。佛說《華嚴經》，是入「海印定」，用「海印三昧」說的。海，是指所有的香水海；印，是印現。海印，是這個香水海，把世界所有一切的萬象都顯現在這香水海裏頭。香水海是澄淨無波的，一點波浪都沒有，水澄清時，天邊萬象巨細無不印現海面。譬喻佛陀之心中，至明至靜，森羅萬象一時印現，三世一切之法皆悉炳然無不現。

不可說佛剎微塵數
之空量觀是否有邊際

入法界品本會（卷六十）

此諸菩薩皆悉成就普賢行願。境界無礙，普遍一切諸佛剎故；現身無量，親近一切諸如來故；淨眼無障，見一切佛神變事故；至處無限，一切如來成正覺所，恆普詣故；光明無際，以智慧光普照一切實法海故；說法無盡，清淨辯才，無邊際劫無窮盡故；等虛空界。智慧所行悉清淨故；無所依止，隨眾生心現色身故；除滅癡翳，了眾生界無眾生故；等虛空智，以大光網照法界故。

這些大菩薩們都已成就普賢菩薩的十種廣大行願。**他們不受有形、無形空間障礙，因為已經能周遍到所有的佛國**；他們能現無量身，因為已親近一切如來；他們的清淨眼遍觀無礙，因為已能遍觀一切如來的神通變化；**他們能至一切處，因為已曾至所有如來成道之處**；他們的光明無際，因為智慧之光已能遍照如大海般的無量真實世界，他們說法無有窮盡，**因為清淨的辯才，在無限的時間裡也不會窮盡**；他們與虛空的境界相同，因為依智慧而行，行業已完全清淨；**他們已無固定的依止的色身，不為固定形相所侷限**，因為已能隨顯眾生的心念，而現色身；他們已滅除愚痴的遮障，因為已了知**眾生從來就不是眾生，只是幻有**。他們的智慧與虛空相等，因為已能以大光網般的智慧遍照宇宙。

如來善根不思議故；如來白法不思議故；如來威力不思議故；如來能以一身自在變化，遍一切世界，不思議故；如來能以神力。令一切佛及佛國莊嚴，皆入其身，不思議故；如來能於一微塵內，普現一切法界影像，不思議故；如來能於一毛孔中，示現過去一切諸佛，不思議故；如來隨放一一光明，悉能遍照一切世界，不思議故；如來能於一毛孔中，出一切佛剎微塵數變化雲，充

如來具有十種不可思議功德：如來的善根不可思議；如來清淨之善法不可思議；如來的威力不可思議；**如來能以一身自在地變化，遍至宇宙，不可思議；如來能以神通力，使一切如來與佛國的莊嚴相，都入其身，不思議故；如來能在一粒小小的微塵中，現出宇宙的一切境象，不可思議**；如來能在一個微細毛孔中，現出過去世的一切諸佛，不可思議；如來隨意放出的任何一道光明，都能遍照宇宙，不可思議；如來能在一個毛孔中，現出一切佛土世界的無數微塵般多的變化雲，這雲更是充滿一切佛土世界，不可思議；如來能在一個毛孔中，普遍現出宇宙一切世界的成住壞空，不可思議。（成住壞空指世界的生成至壞滅，用現代的思惟，可以

滿一切諸佛國土，不思議故；如來能於一毛孔中，普現一切十方世界成住壞劫，不思議故。

如是十方一切菩薩，並其眷屬，皆從普賢善薩行願中生。以淨智眼，見三世佛，普聞一切諸佛如來所轉法輪修多羅海。已得至於一切菩薩自在彼岸，於念念中現大神變。親近一切諸佛如來，一身充滿一切世界、一切如來眾會道場。於一塵中，普現一切世間境界，教化成就一切眾生，未曾失時。

理解為宇宙或星球的生成至壞滅。）

十方一切菩薩與同行者，都是從普賢菩薩行願中成就而生的。他們以清淨的智慧眼，能見三世諸佛，能普遍知道如大海般的一切諸佛轉法輪所說經法。已達到一切菩薩自在成就，**在念念之中能廣大示現神通變化**。已親近一切諸佛，**一身充滿在一切世界**，遍在一切如來說法的眾會道場。**在一微塵中，能普遍現出一切世間的境象**，教化成就一切眾生，而適得其時。**在一個毛孔中，能現出一切如來說法的聲音**。了知一切眾生都如幻化，了知一切諸佛都如影子，了知一切六道受生都如夢中，了知一一毛孔中，出一切如來說法音聲。知一切眾生悉皆如幻，知一切佛悉皆如影，知一切諸趣受生悉皆如夢，知一切業報如鏡中像，知一切諸有生起如熱時焰，知一切世界皆如變化。成就如來十力無畏，勇猛自在，能師子吼，深入無盡辯才大海。得一切眾生言辭海諸法智，於虛空法界所行無礙。知一切法，無有障礙。

一切菩薩神通境界悉已清淨，勇猛精進，摧伏魔軍，恆

切業報都如鏡中影像，了知一切三界之有都如熱氣火焰，了知一切世界都如幻化。這些菩薩已成就了如來的十種智力與四無畏這樣自利他利的絕對自信，而勇猛自在，能作獅子吼演說佛法，深入無盡無礙的辯才大海。又已得到如大海般的眾生語言和佛法智慧，**在虛空界與宇宙能自在而行，沒有任何阻礙。了知宇宙一切現象，而毫無障礙。**

菩薩的一切神通境界，因為已完全清淨，而能勇猛精進，降伏一切魔軍，**永久不間斷地以智慧**

以智慧了達三世。知一切法猶如虛空，無有違諍，亦與取著。雖勤精進，而知一切智終無所來。雖觀境界，而知一切有悉不可得。以方便智入一切法界，以平等智入一切國土，以自在力令一切世界展轉相入。於一切世界處處受生，見一切世界種種形相。於微細境現廣大剎，於廣大境現微細剎。於一佛所，一念之頃，得一切佛威神所加，普見十方，無所迷惑。於剎那頃，悉能往詣。如是等一切菩

了達三世的一切。了知一切現象都如虛空，不致有所違逆，也不執著這一切。雖然勤於精進修行，但也了知佛的一切法相之智終究不是可以執求。雖然觀察境界，但也知道一切有的境界都不可得。以方便的智慧，進入所有法界；以平等的智慧，進入一切佛土世界；以自在力令所有世界展轉相入。在一切處處投生，見一切世界的種種形相。**在微細的境界，能現廣大佛土世界；在廣大的境界，能現微細的佛土世界**。在一佛道場中，**能在一念之間，得一切佛的威神加持，普見十方世界**，而毫無迷惑。**在剎那之間，往來這十方世界**。像這樣已成就一切的菩薩，遍滿了祇陀林，這都是如來的威神力所加持。

薩滿逝多林，皆是如來威神之力。

如是皆是普賢菩薩智眼境界，不與一切二乘所共。以是因緣，諸大聲聞不能見、不能知、不能聞、不能入、不能得、不能念、不能觀察、不能籌量、不能思惟、不能分別。是故，雖在逝多林中，不見如來諸大神變。

復次，諸大聲聞無如是善根故，無如是智眼故，無如是三昧故，無如是解脫故，無如

這些都**不是二乘修行者所有的境界**，而是只有具普賢菩薩智慧眼才能知見的境界。由於這樣的因緣，所以這些聲聞大弟子們**不能見到、不能了知、不能聽聞、不能融入、不能得到、不能憶念、不能觀察、不能籌算、不能思惟、不能辨別這樣的境界。**所以他們雖然也身在祇陀林中，卻不能見到如來的各種廣大神通變化。

再者，因為這些**聲聞大弟子們沒有這樣的善根，沒有這樣的智慧眼，沒有這樣的正定力，沒有這樣的解脫三昧**，沒有這樣的神通力，沒有這樣的

是神通故。無如是威德故，無如是勢力故，無如是自在故，無如是住處故，無如是境界故。是故於此不能知、不能見、不能入、不能證、不能住、不能解、不能觀察、不能忍受、不能趣向、不能遊履；又亦不能廣為他人開闡解說、稱揚示現、引導勸進，令其趣向，令其修習，令其安住，令其證入。

何以故？諸大弟子依聲聞乘而出離故，成就聲聞道，滿足聲聞行，安住聲聞果。於無

威德力，沒有這樣的勢力，沒有這樣的自在力，沒有這樣的住處，沒有這樣的境界。所以他們**對於佛的這些境界不能了知、不能見到**、不能深入、不能證得、不能住、不能悟解、不能觀察、不能安忍受持，不能趣向、不能遊履；也不能廣為他人開闡解說、也不能稱揚示現引導勸修，令他人趣向佛境、修習佛法、安住於佛地、證入佛法。

為什麼呢？因為這些大弟子們是依照聲聞法修行而出離世間，成就聲聞道，**滿足於聲聞法的修行，安住在聲聞果位**。他們對於不存在有的真諦已

有諦得決定智，常住實際，究竟寂靜，遠離大悲，捨於眾生，住於自事。於彼智慧，不能積集，不能修行，不能安住，不能願求，不能成就，不能清淨，不能趣入，不能通達，不能知見，不能證得。是故雖在逝多林中，對於如來，不見如是廣大神變。

譬如有人，於大會中昏睡安寢，忽然夢見須彌山頂，帝釋所住善見大城，宮殿園林種種嚴好。天子天女百千萬億，

獲得確定的智慧，恆常安住實相中，而得到究竟的寂靜，卻也遠離了大悲心，捨離了眾生，安住在自己的修行果位中。對於大乘佛法的智慧，不能積聚匯集，不能修行，不能安住，不能發願來求法，也不能成就這種法，也不能清淨這種法，也不能趣向進入這種法，也不能通達這種法，也不能知見這種法，也不能證得這種法。所以他們雖然在祇陀林中，**面對著如來**，卻**看不到這些廣大的神通變化**。

比如有人在法會中昏昏大睡，忽然夢到須彌山頂帝釋天所住的善住大城，城中的宮殿園林美侖美奐。百千萬億的天子、天女，普散天花，佈滿地面。種種的衣樹生出美妙的衣服，種種的花樹，開出美

普散天華，遍滿其地。種種衣樹出妙衣服，種種華樹開敷妙華。諸音樂樹奏天音樂。天諸婇女，歌詠美音。無量諸天，於中戲樂。其人自見著天衣服，普於其處住止周旋。其大會中，一切諸人，雖同一處，不知不見。何以故？夢中所見，非彼大眾所能見故。

一切菩薩、世間諸王亦復如是。以久積集善根力故，發一切智廣大願故，學習一切佛功德故，修行菩薩莊嚴道故，

妙的花朵。各種音樂樹奏出天樂。天界的宮女們唱著美妙的歌曲，無量的諸天在這裡快樂地遊戲。這夢中人也看到自己身著天衣，到處棲息遊玩。法會中的所有人們，**雖然同在一處，卻對夢中之事不聞不見**。為什麼呢？因為**夢中的景象，本來就不是其他人所能看見的**。

一切菩薩及世間諸王也是這樣。因為他們**已長久累積各種善根力，發下求佛一切法相之智的廣大願**，要學習佛的一切功德，要修行菩薩的莊嚴佛道，要圓滿佛一切智的智慧法門，要滿足普賢的一

圓滿一切智智法故，滿足普賢諸行願故，趣入一切菩薩智地故，遊戲一切菩薩所住諸三昧故，已能觀察一切菩薩智慧境界無障礙故。是故悉見如來世尊不可思議自在神變。一切聲聞諸大弟子皆不能見，皆不能知，以無菩薩清淨眼故。

譬如有人得清淨眼，名離垢光明，一切闇色不能為障。爾時，彼人於夜闇中，處在無量百千萬億人眾之內，或行或住，或坐或臥；彼諸人眾形相

切行願，要趣入菩薩的一切智地，要能自在地遊戲在菩薩所住的一切禪定，已能夠觀察菩薩的一切智慧境界而毫無障礙。**所以能夠清楚見到如來不可思議的自在神通變化**。一切的**聲聞大弟子們都見不到，也不能了知**，因為他們**不具菩薩的清淨眼**。

比如有個得了**清淨眼**的人，這清淨眼名叫離垢光明，一切的黑暗都不能阻障。這時，這人雖然身處在黑暗中，身旁無量無數的人，無論是行、是住、是坐、是臥，各種形相儀態，他都能一一清楚見著；但是他的儀態動作，其他的人卻都看不到。

威儀，此明眼人莫不具見；其明眼者，威儀進退，彼諸人眾悉不能睹。佛亦如是，成就智眼，清淨無礙，悉能明見一切世間。其所示現神通變化，大菩薩眾所共圍繞，諸大弟子悉不能見。

譬如有人以翳形藥，自塗其眼（身），在於眾會去來坐立，無能見者，而能悉　眾會中事。應知如來亦復如是。超過於世，普見世間。非諸聲聞所能得見，唯除趣向一切智境

佛陀也是這樣，已成就了智慧眼，清淨而無礙，能清楚地、完全地看到一切世間的事物。但是他所示現的神通變化，以及大菩薩圍繞身邊的景象，眾大弟子們卻完全看不見。

比如有人用**隱形藥**，塗在自己身上，然後在法會中，來去、坐立，都沒有人能看見，自己卻能看見法會中的一切活動。要知道，如來也是這樣。**如來已超越了世間，卻能看到一切世間的事物。**這**不是聲聞眾所能看見的，**除了那些已經趣向佛一切智境界的大菩薩們。

諸大菩薩。

如人生已，則有二天恆相隨逐：一曰同生，二曰同名。天常見人，人不見天。應知如來亦復如是。在諸菩薩大集會中，現大神通，諸大聲聞悉不能見。

爾時化現法界願月王菩薩承佛神力，觀察十方，而說頌言：

譬如帝青寶，能青一切色；
見佛者亦然，悉發菩提行。
一一微塵內，佛現神通力，

比如人在出生以後，便有兩位天界天人常相左右，一位是同時生的，一位是同名的。**天人常能見到人，人卻見不到天人**。要知道，如來也是這樣。如來在菩薩們的大會中，顯現大神通，聲聞大弟子們卻全都看不到。

這時化現法界願月王菩薩承佛的神威力，觀察十方，也以偈頌道：

就像帝青寶珠，能讓一切都變成青色；
見到佛的人也一樣，都能發心修菩提行。
在每個細小微塵裡，佛都能示現神通力，

令無量無邊，菩薩皆清淨。
甚深微妙力，無邊不可知；
菩薩之境界，世間莫能測。
如來所現身，清淨相莊嚴，
普入於法界，成就諸菩薩。
難思佛國土，於中成正覺，
一切諸菩薩，世主皆充滿。
釋迦無上尊，於法悉自在；
示現伸通力，無邊不可量。
菩薩種種行，無量無有盡；
如來自在力，為之悉示現。
佛子善修學，甚深諸法界，

讓**無數的菩薩，都能獲得清淨**。
佛的甚深微妙力諸法實相為深法之極行深妙道，無量無邊不能測知；
而**菩薩的境界，世間凡夫也不能測知**。
如來所示現的清淨莊嚴身相，
普入於宇宙，成就眾菩薩們。
難以想像的無數佛國裡，都有佛成就正覺，
佛國世界裡更充滿了一切菩薩與世間王。
無上尊者釋迦佛，於一切事物已得自在；
示現的神通力，無量無邊，不可測知。
菩薩的種種行門，無量無邊，無法窮盡；
如來以自在力，將菩薩行門都示現了。
佛子們只要好好修習，深入甚深的法界，

成就無礙智，明了一切法。
善逝威神力，為眾轉法輪，
神變普充滿，令世皆清淨。
如來智圓滿，境界亦清淨；
譬如大龍王，普濟諸群生。
爾時破一切魔軍智幢王菩薩承佛神力，觀察十方，而說頌言：
智身非是身，無礙難思議；
設有思議者，一切無能及。
從不思議業，起此清淨身；
殊特妙莊嚴，不著於三界。
光明照一切，法界悉清淨；

就能成就無礙智，了知一切宇宙真理。
佛陀以大威神力，為眾生轉法輪講經說法，
神通變化充滿宇宙，令世間都得清淨。
如來的智慧圓滿，境界也清淨了；
就像大龍王，能普遍降下及時雨濟度眾生。
這時破一切魔軍智幢王菩薩承佛的神威力，觀察十方世界，也以偈頌道：
智身不是有相身，沒有障礙不可思議；
即使**用盡思惟，也不能想像**。
從不可思議的業報中，出生這清淨身；
殊勝妙好莊嚴，不執著三界之有。
光明遍照一切，法界皆清淨；

開佛菩提門，出生眾智慧。
譬如世間日，普放慧光明，
遠離諸塵垢，滅除一切障。
普淨三有處，永絕生死流，
成就菩提道，出生無上覺。
示現無邊色，此色無依處；
所現雖無量，一切不思議。
菩提一念頃，能覺一切法；
云何欲測量，如來智邊際。
一念悉明達，一切三世法；
故說佛智慧，無盡無能壞。
智者應如是，專思佛菩提；
此思難思議，思之不可得。

開啟佛的覺悟法門，出生一切智慧。
就像世間的太陽，普放智慧的光明，
遠離一切塵垢，滅除一切成道的障礙。
普使三界清淨，永斷生死的流轉，
成就智慧的覺道，出生無上正等正覺。
示現無邊的色身，這色身是無所依托的；
所示現的色身雖是無量，也是不可思議的。
菩提智慧只在一念間，便可覺悟一切佛法；
為什麼要去測度如來本無邊際的智慧？
一念之間便可完全通達三世的一切現象；
所以說佛的智慧是無量無邊，不可破壞的。
有智慧的人，應該要像這樣專念佛的正覺法；
這種意念是不可思議的，思議也不可得。

菩提不可說，超過語言路；
諸佛從此生，是法難思議。

菩提智慧不是言語能表示，超越了言語道路；
諸佛由此出生，這佛道真是不可思議。

菩薩如何於一毛孔中見一切佛

入法界品本會及末會之前一會（卷六十一）

爾時普賢菩薩欲重宣此義，奉佛伸力，觀察如來，觀察眾會，觀察諸佛難思境界，觀察諸佛無邊三昧，觀察不可思議諸世界海，觀察不可思議如幻法智，觀察不可思議三世諸佛悉皆平等，觀察一切無量無邊諸言辭法，而說頌言：

一一毛孔中，從塵數剎海，
悉有如來坐，皆其菩薩眾。
一一毛孔中，無量諸剎海，
佛處菩提座，如是遍法界。
一一毛孔中，一切剎塵佛，

這時，普賢菩薩為了要重宣這義理，便仰承佛的神威力，觀察如來，觀察眾會道場，觀察諸佛難以想像的境界，觀察**諸佛無邊的禪定力**，觀察如大海般不可思議的諸佛世界，觀察如幻化般不可思議的佛法智慧，觀察**三世諸佛都是平等無別不可思議的現象**，觀察一切以不同的、無量無邊的言詞說法的現象，便以偈頌道：

每一個毛孔中，都示現無數的佛國世界，
每個佛國都有如來安坐，菩薩圍繞聚會。
每一個毛孔中，都示現無數的佛國世界，
佛陀安坐菩提座上，這境象遍滿了法界。
每一個毛孔中，示現一切佛國裡的無量佛，

菩薩眾圍繞，為說普賢行。
佛坐一國土，充滿十方界；
無量菩薩雲，咸來集其所。
億剎微塵數，菩薩功德海，
俱從會中起，遍滿十方界。
悉住普賢行，皆遊法界海，
普現一切剎，等入諸佛會。
安坐一切剎，聽聞一切法；
一一國土中，億劫修諸行。
菩薩所修行，普明法海行；
入於大願海，住佛境界地。
了達普賢行，出生諸佛法；
具佛功德海，廣現神通事。

各個都有菩薩們圍繞，演說普賢菩薩的願行。
佛陀安坐在一佛國，一身卻遍滿十方世界；
無量的菩薩身雲，也都來到佛的道場。
猶如一億佛土微塵數的菩薩功德大海，
都是從法會中出生，而遍滿十方世界。
菩薩們都安住普賢行願中，而遍遊法界大海，
普遍現身在一切佛國，平等入於諸佛法會。
安坐在一切佛國，聽聞佛所說的一切法；
在各個佛國中，歷劫修習各種願行。
菩薩的所有修行，是要普照所有修行大海；
入於大海般的願行，安住於佛的境界。
了達普賢的行願中，能出生諸佛所說法；
具足佛的功德大海，廣為示現神通變化之事。

身雲等塵數，充遍一切剎；

普雨甘露法，令眾住佛道。

其有見此佛神力者，皆是毗盧遮那如來於往昔時善根攝受。或昔曾以四攝所攝；或是見聞憶念親近，之所成熟；或是往昔教其令發阿耨多羅三藐三菩提心；或是往昔於諸佛所，同種善根；或是過去以一切智，善巧方便教化成熟。

其諸菩薩皆悉具足大智神通，明利自在。住於諸地，以廣大智普觀一切。從諸智慧種

他們的身雲與微塵數相等，遍滿一切佛土；

普降如甘露般的佛法，令眾生安住佛道。

其中能夠看到這些神通力所呈現的景象的人，都是在過去世受毗盧遮那如來的善根攝受的人。他們或者是受四攝法攝受；或者是曾經見聞、憶念、親近如來，而受如來成熟者；或是過去受如來教化而發無上正等正覺心；或是過去曾在諸佛所在之處的道場中，同種善根者；或是過去曾受如來以一切智、各種善巧方便的方法教化而成熟者。

這些菩薩們都具足了大智慧大神通，明澈通暢而自在。安住菩薩修行諸地，以廣大的智慧遍觀一切。從佛的各種智慧種性出生。佛所具有的一切智

性而生。一切智智，常現在前。得離癡翳清淨智眼，為諸眾生作調御師。住佛平等，於一切法無有分別。了達境界，知諸世間，性皆寂滅，無有依處。普詣一切諸佛國，而無所著。悉能觀察一切諸法，而無所住。遍入一切妙法宮殿，而無所來。教化調伏一切世間，普為眾生現安隱處。

以不顛倒智知一切義；以巧分別智開示法藏；以現了智訓釋文辭；以大願力說法無

之智慧，常出現在他們面前。**已證得遠離愚痴障礙的清淨智眼**，能為眾生們作調御之師。**住於佛的平等性，對一切現象不作分別認知**。已能了達境界，知道世間的一切，**本性都是寂滅的**，沒有可以依恃的。能遍至一切諸佛國土，教化眾生而無所執著。**能遍觀一切現象，而不住留在這些現象中**。能遍入一切妙法的殿堂，而**無所謂來去**。以此教化調伏世間的一切眾生，普為眾生示現安隱的歸依處。

他們以**不顛倒的智慧**，了知一切法義；以**巧於分別的智慧**，開示佛法寶藏；以善於說明理解的智慧，解釋法義；以大願力無盡地說法；以如師子吼盡；以無所畏大師子吼，常樂觀察無依處法；以淨法眼普觀一切；以淨智月照世成壞；以智慧光照真實諦。福德智慧如金剛山，一切譬諭所不能及。善觀諸法，慧根增長。勇猛精進，摧伏眾魔。無量智慧，威光熾盛。

其身超出一切世間，得一切法無礙智慧，善能悟解盡無盡際；住於普際，入真實際，無相觀智常現在前。善巧成就諸菩薩行，以無二智知諸境界，

般大無畏的精神，恆常樂於觀察體會無所依處的佛法；以清淨法眼遍觀一切；以**清淨如月的智慧**，明照世間的成住壞空；以智慧光照明宇宙的實相。他們的福德智慧有如金剛不壞的大山，不是言詞譬喻所能說明。善於觀察世間的現象，使慧根增長。勇猛精進地修行，摧伏一切魔道。無量的智慧，如威猛的光芒，熾盛照耀。

他們的**身體已超越一切有形無形世間，證得於一切現象無所障礙的智慧**。善於悟解有限與無限世界的道理，普遍安住於宇宙，而證入實相的世界，以無相觀察世界的智慧常現在前。以善巧方便成就菩薩諸願行，**以離常斷二邊的智慧，了知一切**

普見一切世間諸趣，遍往一切諸佛國土。智燈圓滿，於一切法無諸闇障。放淨法光照十方界；為諸世間真實福田。若見若聞，所願皆滿。福德高大，超諸世間。勇猛無畏，摧諸外道。演微妙音，遍一切剎。普見諸佛，心無厭足。於佛法身，已得自在，隨所應化，而為現身，一身充滿一切佛剎。

已得自在清淨神通，乘大智舟，所往無礙。智慧圓滿，周遍法界；譬如日出，普照世

境界。能普遍見到世間一切善惡道，遍往一切諸佛國土。智慧之燈圓滿，不受世間一切的黑暗現象遮障。能放清淨法光照明十方世界，是世間眾生的真正福田。眾生所見所聞，都能滿足所願。他們高大的福德，超越世間一切福德。他們勇猛無畏地精進修行，摧破各種外道邪說。說法的微妙聲音，遍滿一切佛國世界。他們常能**遍見諸佛，而永不為足**。對於佛所證得的法身也已能自在而得，所以**能隨著所應教化的眾生，而處處現身，以一法身而遍在一切佛國世界中**。

他們已經證得了**自在而清淨的神通力**，乘著大智慧船，**任行無礙**。智慧圓滿，能遍在法界，就像昇起的太陽，遍照世間。能隨著眾生的心念顯現色

間。隨眾生心現其色像，知諸眾生根性欲樂。入一切法無諍境界，知諸法性無生無起。能令小大自在相入。決了佛地甚深之趣，以無盡句說甚深義，於一句中，演說一切修多羅海。獲大智慧陀羅尼身，凡所受持永無忘失。一念能憶無量劫事，一念悉知三世一切諸眾生智。恆以一切陀羅尼門，演說無邊諸佛法海；常轉不退清淨法輪，令諸眾生皆生智慧。

　得佛境界智慧光明，入於

身，了知眾生的本性與欲念。**已證入一切現象平等無別的境界，了知現象的本性（體）根本無生無滅**。他們能使**小與大自在地相入無礙**。決定明了證得佛地的甚深義理，能以無盡的法句演說這甚深的義理。**在一法句中，包含一切佛法的義理**。已獲得大智慧的總持智慧身，凡是所受持的法義，永遠不會忘失。**一念之間便能憶念無盡時空的事情，一念之間便能了知三世眾生的一切智慧**。恆常以一切總持法門，演說無邊無際、如大海般的佛法義理；恆常轉動不退轉的清淨法輪，使眾生們都能生起智慧。

　他們已證得佛境界的智慧光明，入於**善見甚深**

善見甚深三昧。入一切法無障礙際，於一切法勝智自在，一切境界清淨莊嚴。普入十方一切法界，隨其方所靡不咸至；一一塵中現成正覺。於無色性現一切色，以一切方普入一方。

佛子，此諸菩薩，或時示現無量化身雲，或現其身獨一無侶。所謂或現沙門身，或現婆羅門身，或現苦行身，或現充盛身，或現醫王身，或現商主身，或現淨命身，或現妓樂身，或現奉事諸天身，或現工

的禪定。能入一切宇宙的邊際而無障礙，對宇宙一切現象的了達，因具殊勝智慧而得自在，一切的境界都已清淨莊嚴。**能遍入十方一切法界，隨著心中想去的任何一個地方都能遍至**，在每個微塵中，示現成就正等正覺。在本來無色中現一切色，能**以一切十方世界入一方世界**。

佛子們，**這些菩薩們有時示現無量的化身雲，有時則示現單獨一身**。也就是所謂或現沙門（為出家修道者的總稱）身形，或現婆羅門身形，或現苦行身形，或現充盛身形，或現醫王身形，或現商王身形，或現比丘清淨心為命的身形，或現妓樂身形，或現奉事如來的諸天身形，或現工巧技術身形。來到這個村落、營寨、聚落、都城，這些眾生

巧技術身。往詣一切村營城邑、王都聚落、諸眾生所，隨其所應，以種種形相、種種威儀、種種音聲、種種言論、種種住處，於一切世間，猶如帝網，行菩薩行。

或說一切世間工巧事業，或說一切智慧照世明燈，或說一切眾生業力所莊嚴，或說十方國土建立諸乘位，或說智燈所照一切法境界。教化成就一切眾生，而亦不離此逝多林如來之所。

們居住的地方。**隨順眾生的需要，現出種種不同的形相，種種不同的威儀、種種不同的聲音、種種不同的言詞論調，在種種不同的地方。**菩薩們化現在一切世間，就像帝釋天的寶網（因陀羅網），遍覆世間，行菩薩願行。

他們或者演說一切世間工巧的事業；或者演說一切有如明燈的智慧，照耀世間；或者演說為業力所莊嚴的一切眾生；或者演說在十方國土所建立的佛乘果位；或者演說以智慧證道，遍照宇宙的境界。以此來教化成就一切眾生，但他們實際上並未離開這如來所住的祇陀林。」（本會至此結束）

爾時，文殊師利菩薩告諸比丘言：「比丘，若善男子、善女人，成就十種趣大乘法，則能速入如來之地，況菩薩地。何者為十？所謂：

積集一切善根，心無疲厭；

見一切佛承事供養，心無疲厭；

求一切佛法，心無疲厭；

行一切波羅蜜，心無疲厭；

成就一切菩薩三昧，心無疲厭；

次第入一切三世，心無疲

這時，文殊師利菩薩便告訴比丘們：「比丘們，如果有善男子、善女人能成就十種趣向大乘佛法的法門，便能迅速證入如來的果地，更何況是菩薩果地！是哪**十種大乘法門**？即是：（發心，並且無疲厭是入大乘的不二法門）

願**積集一切善根，心中永不疲倦或滿足**；

願見一切佛，並承事供養，心中永不疲倦或滿足；

願求一切佛法，心中永不疲倦或滿足；

願修一切度眾解脫法，心中永不疲倦或滿足；

願成就一切菩薩禪定法門，心中永不疲倦或滿足；

願次第進入一切三世，心中永不疲倦或滿足；

厭；

普嚴淨十方佛剎，心無疲厭；

教化調伏一切眾生，心無疲厭；

於一切剎、一切劫中成就菩薩行，心無疲厭；

為成熟一眾生故，修行一切佛剎微塵數波羅蜜，成就如來十力，如是次第，為成熟一切眾生界，成就如來一切力，心無疲厭。

比丘，若善男子、善女人

足；

願普遍莊嚴清淨十方佛土，心中永不疲倦或滿足；

願教化調伏一切眾生，心中永不疲倦或滿足；

願在一切佛土、一切劫時中，成就一切菩薩願行，心中永不疲倦或滿足；

願為成就一位眾生，而修無量無數的度眾解脫法，成就如來的十力，如此依次願為成熟六道眾生，成就如來的一切力，心中永不疲倦或滿足。

比丘們，如果善男子、善女子，對佛法深具信成就深信，發此十種無疲厭心，則能長養一切善根，捨離一切諸生死趣，超過一切世間種性，不墮聲聞、辟支佛地，生一切如來家，具一切菩薩願，學習一切如來功德，修行一切菩薩諸行，得如來力，摧伏眾魔，及諸外道，亦能除滅一切煩惱，入菩薩地，近如來地。」

仰、信心，**發這十種不疲倦滿足的心，便能長久養護善根，使善根增長，捨離一切生死輪迴**。超越一切世間的凡夫種性，不墮於聲聞、辟之佛的自利果位。而**能生於如來之家**，具足菩薩的一切願行，學習如來的一切功德，修習菩薩的一切願行。證得如來的威神力，摧伏魔道及其他外道。更能除滅一切煩惱，入菩薩修行諸地，趣近如來果位。」

善知識為何能將自己修菩薩行的法門與經驗傾囊相授與發菩提心有何關係

善財童子五十參一～四（卷六十二）

仁者悉調伏，如燈示我道。
捨離諸惡趣，清淨諸善道；
超諸世間者，示我解脫門。
世間顛倒執，常樂我淨想；
智眼悉能離，開我解脫門。
善知邪正道，分別心無怯；
一切決了人，示我菩提路。
住佛正見地，長佛功德樹，
雨佛妙法華，示我菩提道。
去來現在佛，處處悉周遍，
如日出世間，為我說其道。
善知一切業，深達諸乘行；
智慧決定人，示我摩訶衍。

佛陀調伏了所有的眾生，如明燈般開示我正道。
捨離了三惡道，使一切善道清淨；
超越一切世間的佛陀，為我示現解脫的法門。
眾生因為顛倒妄執，以為世間是常樂我淨；
佛以智慧眼遠離顛倒妄執，為我開示解脫法門。
佛能善於分別正道與邪道，心中毫不畏懼；
已是能分辨明了一切的人，為找開示菩提正道。
安住在佛的正見之地，長養佛的功德如樹，
落下妙好如花的佛法，為找開示菩提正道。
過去、未來、現在諸佛，遍滿了一切時空，
就像太陽遍照世間，為我演說佛法正道。
善能了知一切因果業報，深深通達各種佛道；
已是證得佛智的人，為我開示大乘法門。

爾時，文殊師利菩薩為善財童子而說頌言：

善哉功德藏，能來至我所，
發起大悲心，勤求無上覺。

已發廣大願，除滅眾生苦，
普為諸世間，修行菩薩行。
若有諸菩薩，不厭生死苦，
則具普賢道，一切無能壞。

爾時，文殊師利菩薩說此頌已，告善財童子言：「善哉，善哉。善男子，汝已發阿耨多羅三藐三菩提心，求菩薩行。

這時，文殊師利菩薩為了回答善財童子，便以偈頌道：

好啊！功德聚集在你身上，你才會來到我這裡，
發起救度眾生的大悲心，不懈怠地追求無上覺道。

你已發廣大的誓願，要除滅眾生的苦。
普遍為一切世間，而修行菩薩願行。
如果有菩薩們，不厭離世間的生死之苦，
便具備了普賢的修行道，沒有任何事物能破壞。

當文殊師利頌完偈以後，接著便告訴善財童子：「好啊！好啊！善男子，你已發心追求無上正等正覺，及追求菩薩的願行。善男子，要眾生發心追求無上正等正覺是很不容易的。發心之後，要追

善男子，若有眾生能發阿耨多羅三藐三菩提心，是事為難。能發心已，求菩薩行倍更為難。善男子，若欲成就一切智智，應決定求真善知識。善男子，求善知識勿生疲懈；見善知識勿生厭足，於善知識所有教誨，皆應隨順，於善知識善巧方便，勿見過失。」

時海雲比丘告善財言：「善男子，汝已發阿耨多羅三藐三菩提心耶？」

善財言：「唯，我已先發

求菩薩願行就更不容易了。善男子，**若是想要成就與佛陀的一切智相同的智慧，就要堅定信心尋求真正的善知識**。善男子，尋求善知識不能稍有懈怠；得見善知識，不能稍有滿足；對於善知識所給予的教誨，都要隨順修行；對於善知識善巧方便的教誨，不要認為有什麼過錯。

這時，海雲比什便問善財：「善男子，你已發心追求無上正等正覺了嗎？」

善財回答：「是的，我早已發心追求無上正等阿耨多羅三藐三菩提心。」

海雲言：「善男子，若諸眾生不種善根，則不能發阿耨多羅三藐三菩提心。要得普門善根光明，具真實道三昧智光；出生種種廣大福海，長白淨法，無有懈息；事善知識，不生疲厭；不顧身命，無所藏積；等心如地，無有高下；性常慈愍一切眾生，於諸有趣，專念不捨；恆樂觀察，如來境界。如是乃能發菩提心。

發菩提心者。所謂：

正覺。」

海雲說：「善男子，如果眾生們不種善根，就不能發心追求無上正等正覺。必須要獲得所有的善根光明，具備真實修行的禪定智光；出生種種廣大的福德大海，**增長一切善法，而毫不懈怠；事奉善知識，不感疲倦或滿足**；不顧自己身命，不積累財物；平等心如大地，沒有高下之分；心性中要常能慈憫一切眾生，對各道輪迴中的眾生要專念不捨；恆常樂於觀察如來的境界。能做到這些，才能發起菩提心。

所謂**發菩提心**就是：

發大悲心，普救一切眾生故。

發大慈心，等祐一切世間故。

發安樂心，令一切眾生滅諸苦故。

發饒益心，令一切眾生離惡法故。

發哀愍心，有怖畏者咸守護故。

發無礙心，捨離一切諸障礙故。

發廣大心，一切法界咸遍

發起**大悲心**，這是為了要普救一切眾生。

發起**大慈心**，這是為了要平等護祐世間眾生。

發起**安樂心**，這是為了要使眾生滅盡一切苦。

發起**饒益心**，這是為了要使眾生遠離一切惡法。

發起**哀憫心**，這是為了要守護一切心有畏怖者。

發起**無礙心**，這是為了要捨離一切修行障礙。

發起**廣大心**，這是為了要能遍滿一切法界。

滿故。

發無邊心，等虛空界無不往故。

發寬博心，悉見一切諸如來故。

發清淨心，於三世法智無違故。

發智慧心，普入一切智慧海故。」

善男子，我住此海門國十有二年，常以大海為其境界。所謂思惟大海廣大無量；思惟大海甚深難測；思惟大海漸次

發起**無邊心**，這是為了要**能與虛空平等而遍在**。

發起**寬博心**，這是為了要能遍見一切如來。

發起**清淨心**，這是為了**以智慧通達三世一切現象**。

發起**智慧心**，這是為了要遍入一切智慧大海。

善男子，我住在這海門國已經十二年了，常常以大海作為我修行觀察的境界。即所謂：想像大海的廣大無量；想像大海的深邃難以測度；想像大海的逐漸深廣；想像大海的無數寶藏，奇妙而莊嚴；

深廣；思惟大海無量眾寶，奇妙莊嚴；思惟大海積無量水；思惟大海水色不同，不可思議；思惟大海無量眾生之所住處；思惟大海容受種種大身眾生；思惟大海能受大雲所雨之雨；思惟大海無增無減。

善男子！我已成就菩薩無礙解脫門，若來若去，若行若止，隨順思惟，修習觀察，即時獲得智慧光明，名：究竟無礙。得此智慧光明故，知一切眾生心行無所障礙，知一切

想像大海匯積無量的水；想像大海不同的水色，令人難以想像；想像大海中棲息著無量的眾生；**想像大海能容受種種大身的眾生；想像大海能容納大雲所降下的無量雨水；想像大海無論如何，總是無增無減。**

善男子！我已經成就了菩薩的無礙解脫法門，來去行止，都能隨心所欲，我修習種種法門，觀察種種境界，都能立即獲得名叫**究竟無礙的智慧光明**。因為得到這種智慧光明，所以能夠了知一切眾生的心識活動，而毫無障礙；了知一切眾生的生死，而毫無障礙；了知一切眾生的前生宿命，而毫

眾生沒生無所障礙，知一切眾生宿命無所障礙，知一切眾生未來劫事無所障礙，知一切眾生現在世事無所障礙，知一切眾生言語音聲種種差別無所障礙，決一切眾生所有疑問無所障礙，知一切眾生諸根無所障礙，隨一切眾生應受化時悉能往赴無所障礙，知一切剎那、羅婆、牟呼栗多、日夜時分無所障礙，知三世海流轉次第無所障礙，能以其身遍往十方一切佛剎無所障礙。何以故？得

無障礙；了知一切眾生的未來事，而毫無障礙；了知一切眾生的今生事，而毫無障礙；了知一切眾生的語言聲音差別，而毫無障礙；能決斷一切眾生的所有疑問，而毫無障礙；了知一切眾生的諸根受用，而毫無障礙；隨著一切眾生的教化需求，都能現身教化，而毫無障礙；能分別極短暫時間及日夜十分的差別，而毫無障礙（印度以六十剎那為一羅婆，三十羅婆為一牟呼栗多，三十牟呼栗多為一日夜）；**了知三世時間大海的流轉變化，而毫無障礙；能以一身遍至十方佛土，而毫無障礙**。為什麼能毫無障礙呢？因為我**已獲得了無所執著、無所造作的神通力**。

無住無作神通力故。

善男子！我以得此神通力故，於虛空中或行、或住、或坐、或臥、或隱、或顯，或現一身，或現多身，穿度牆壁猶如虛空；於虛空中結跏趺坐，往來自在猶如飛鳥；入地如水，履水如地，遍身上下普出煙焰如大火聚。或時震動一切大地，或時以手摩觸日月，或現其身高至梵宮。或現燒香雲，或現寶焰雲，或現變化雲，或現光網雲，皆悉廣大彌覆十方。

善男子！我因為獲得了這種神通力，能夠在虛空中，或行、或住、或坐、或臥、或隱身、或現身，或現一身、或現無量身。穿牆越壁，如同穿越虛空，毫無障礙。能在虛空中結跏趺坐，往來自如，就像飛鳥一樣。穿入地裡，就像下到水裡；走在水上，猶如踏在地面上。全身上下遍出煙火，就像大火集聚一身。有時候就使大地震動；有時候就以手觸摸日月。有時候現身高達梵天宮，有時候示現為燒香如雲，有時候示現為寶焰如雲，有時候示現為變化身如雲，有時候示現為光網如雲，這廣大的身雲，都遍蓋了十方世界。或者在一念之間，便越過了東方一個世界、二個世界、百個世界、千個世界、

或一念中過於東方一世界、二世界、百世界、千世界、百千世界，乃至無量世界，乃至不可說不可說世界；或過閻浮提微塵數世界，或過不可說不可說佛剎微塵數世界。於彼一切諸佛國土佛世尊前聽聞說法，一一佛所現無量佛剎微塵數差別身，一一身雨無量佛剎微塵數供養雲，所謂：一切華雲、一切香雲、一切鬘雲、一切末香雲、一切塗香雲、一切蓋雲、一切衣雲、一切幢雲、一

百千個世界，甚至是無量世界，甚至是數量無法形容的世界。或者越過了與閻浮提微塵數箱等的無數世界，或者越過無法形容的微塵數量的世界，在那些所有的諸佛世界中，佛世尊的面前，聽法受教。

在每一個諸佛道場裡，我都示現出無量無數的不同身，每一個不同身，都降下無量無數的供養雲，即所謂的一切華雲、一切香雲、一切鬘雲、一切末香雲、一切傘蓋雲、一切衣服雲、一切幢雲、一切旛雲、一切帳雲，以一切的身雲，來供養諸佛。如來所宣說的一切佛法，我都能受持；每一個佛土的所有莊嚴相，我都能憶念。東方世界是這樣，其他的南西北方、四維上下各方，也都是這樣。

切幡雲、一切帳雲，以一切身雲而為供養。一一如來所有宣說，我皆受持；一一國土所有莊嚴，我皆憶念。如東方，南、西、北方，四維、上、下，亦復如是。

菩薩為何可以見到無量無數的如來
但沒有去到他們的世界
如來也並未來到這裡

善財童子五十參五～七（卷六十三）

爾時，善財童子思惟諸菩薩無礙解陀羅尼光明莊嚴門，深入諸菩薩語言海門，憶念諸菩薩知一切眾生微細方便門，觀察諸菩薩清淨心門，成就諸菩薩善根光明門，淨治諸菩薩教化眾生門，明利諸菩薩攝眾生智門，堅固諸菩薩廣大志樂門，住持諸菩薩殊勝志樂門，淨治諸菩薩種種信解門，思惟諸菩薩無量善心門。

誓願堅固，心無疲厭；以諸甲冑而自莊嚴，精進深心不

這時，善財童子一路思維大菩薩們所修習的無礙解脫總持光明莊嚴法門，深入菩薩們如海的語言法門，憶念菩薩們能知眾生一切微細心念的方便法門，觀察菩薩們修得清淨心的法門，成就菩薩們善根光明的法門，清淨修行菩薩們教化眾生的法門，明白通達菩薩們攝受眾生的智慧法門，堅固菩薩們心中所樂的廣大願行法門，持守菩薩們所有殊勝而樂為的願行法門，清淨修行菩薩們種種信解力的法門，思惟菩薩們無量善心的法門。

善財童子願力堅固，心中永不疲倦滿足。以各種甲冑莊嚴自己，深入而精進的願心永不退轉，具

可退轉，具不壞信；其心堅固，猶如金剛及那羅延，無能壞者；守持一切善知識教，於諸境界得不壞智；普門清淨，所行無礙；智光圓滿，普照一切；具足諸地總持光明，了知法界種種差別，無依無住，平等無二；自性清淨而普莊嚴，於諸所行皆得究竟，智慧清淨離諸執著。

知十方差別法，智無障礙；往十方差別處，身不疲懈；於十方差別業，皆得明

足了不能被破壞的信心。他的願心堅固，就像金剛力士及梵天王，沒有人能破壞。持守一切善知識的教誨，已能以智慧了知各種境界，而不能被破壞。各種法門皆已清淨，修行無礙，智慧的光明圓滿具足，遍照一切世間。具足諸地的修行，能總持智慧的光明，**了知法界種種不同的境界，沒有依賴，也沒有執著，一切平等無差別，自性常保清淨，而能普遍莊嚴法界**。對於一切的修行法，都已獲得了究竟。智慧清淨，遠離一切執著。

了知十方世界的不同，智慧無礙；來往於不同的十方世界，不感疲倦，對十方眾生不同的業報，都能清楚明白；對十方世界不同的佛，都能見到；

了；於十方差別佛，無不現見；於十方差別時，悉得深入；清淨妙法充滿其心，普智三昧明照其心，心恒普入平等境界；如來智慧之所照觸，一切智流相續不斷，若身若心不離佛法；一切諸佛神力所加，一切如來光明所照；成就大願，願身周遍一切剎網，一切法界普入其身。

時解脫長者以過去善根力、佛威神力、文殊師利童子憶念力故，即入菩薩三昧門，

對十方世界不同的時間，都能深入。清淨妙好的修行法，充滿了他的心。智慧普見一切的禪定光明明照他的心，**心念恆常進人平等的境界**。由於如來智慧的照耀，不斷生出佛的一切智。**無論是肉身或心，都不離佛法**。受到一切諸佛神通力的加持，一切如來光明的照耀，而能成就大願。願身遍滿如網的一切佛土；一切法界又遍人他的願身。

這時，解脫長者藉著過去修行所得的善根力、佛的神威力、文殊師利菩薩的憶念力，立刻進入菩薩禪定法門，這禪定名叫普攝一切佛剎無邊旋陀羅

名普攝一切佛剎無邊旋陀羅尼。入此三昧已，得清淨身。於其身中顯現十方各十佛剎微塵數佛，及佛國土、眾會、道場、種種光明、諸莊嚴事。

亦現彼佛往昔所行神通變化，一切大願，助道之法，諸出離行，清淨莊嚴，亦見諸佛成等正覺、轉妙法輪、教化眾生。如是一切，於其身中悉皆顯現，無所障礙；種種形相、種種次第，如本而住，不相雜亂。

尼。**入此禪定後，立即獲得清淨身。**就在他身上顯**現無量無數的佛**，以及諸佛所在的佛土世界、佛的法會道場，這些佛土世界都呈現出種種光明莊嚴的景象。

同時又示現了這些無數佛過去所展現的神通變化本事，所發下的大願，助道的法門，**各種出離三界的修行，這一切也都呈現出一片清淨莊嚴相**，同時又示現了諸佛成就正等正覺，轉妙法輪，教化眾生等事相。這一切都在長者的身上一一示現，絲毫也不會互相遮障阻礙。**種種的形相一一陳現，都能示現原貌而安然不動，也不會互相交雜。**

所謂種種國土，種種眾會，種種道場，種種嚴飾，其中諸佛現種種神力，立種種乘道，示種種願門。或於一世界，處兜率宮，而作佛事。或於一世界，沒兜率宮，而作佛事。如是或有住胎，或復誕生，或處宮中，或復出家，或詣道場，或破魔軍，或諸天龍恭敬圍遶，或諸世主勸請說法。或轉法輪，或般涅槃，或分舍利，或起塔廟。

彼諸如來於種種眾會，種種世間，種種趣生，種種家族，

也就是在長者身上示現的各種佛土世界裡，各種不同的法會道場，種種莊嚴形相中，都有諸佛們示現種種的神通力，建立種種的佛道，示現種種的大願法門。或者是在一個世界中，來到兜率宮作佛事。或者是由兜率宮，來到另一個世界作佛事。如此，有時候是示現安住母胎，有時候是示現由母胎出生，有時候安住宮中，有時候出家，有時候在道場說法，有時候摧破魔軍，有時候身邊圍繞著天龍八部眾，有時候是世間主正在勸請佛陀說法。或者是轉法輪度眾生，或者示現涅槃，或者是諸王正在分取舍利，或者是建塔廟供養舍利。

這些如來們在各種不同的眾會道場，不同的世間，不同的趣生，不同的種族，不同的欲樂，不同

種種欲樂，種種業行，種種語言，種種根性，種種煩惱，隨眠習氣諸眾生中，或處微細道場，或處廣大道場，或處一由旬量道場，或處十由旬量道場，或處不可說不可說佛剎微塵數由旬量道場，以種種神通，種種言辭，種種音聲，種種法門，種種總持門，種種辯才門，以種種聖諦海、種種無畏大師子吼，說諸眾生種種善根，種種憶念，授種種菩薩記，說種種諸佛法。

的業行，不同的語言，不同的根性，不同的煩惱，沈重迷惑習氣的眾生中。或者是在極小的道場，或者是在大道場，或者是在一由旬大的道場，或者是在十由旬大的道場，或者是在無數由旬的、廣大不能形容的大道場。如來們以不同的神通，不同的語言，不同的聲音，不同的法門，不同的總持法門，不同的辯才，不同的無量聖諦，不同的無畏大師子吼。演說眾生們的種種善根，心中種種憶念，為眾生們授種種菩薩記，演說種種不同的諸佛法門。

善男子，我見如是等十方各十佛刹微塵數如來，彼諸如來不來至此，我不往彼。我若欲見安樂世界阿彌陀如來，隨意即見。我若欲見栴檀世界金剛光明如來、妙香世界寶光明如來、蓮華世界寶蓮華光明如來、妙金世界寂靜光如來、妙喜世界不動如來、善住世界師子如來、鏡光明世界月覺如來、寶師子莊嚴世界毘盧遮那如來，如是一切，悉皆即見。然彼如來不來至此，我身亦不往

善男子，我雖然見到了十方世界無量無數的如來，但**這無量無數的如來並未來到我這裡，我也沒有去到他們的世界**。**我若是想見西方極樂世界的阿彌陀佛，隨著這意念，我就可以見到他**。同樣地，我若是想見栴檀世界的金剛光明如來、妙香世界的寶光明如來、蓮華世界的寶蓮華光明如來、妙金世界的寂靜光如來、妙喜世界的不動如來、善住世界的師子如來、鏡光明世界的月覺如來、寶師子莊嚴世界的毗盧遮那如來等等，這所有世界的所有如來，都可以立即見到。但**這無量無數的如來並未來到我這裡，我的身形也沒有去到他們的世界**。

我知道這一切佛，以及我的心念，都像夢中的景像；我知道這一切佛就像水中的影象，我的心念

詣於彼。知一切佛及與我心，悉皆如夢；知一切佛猶如影像，自心如水；知一切佛所有色相及以自心，悉皆如幻；知一切佛及以己心，悉皆如響。我如是知，如是憶念：所見諸佛，皆由自心。

善男子，當知菩薩修諸佛法，淨諸佛剎，積集妙行，調伏眾生，發大誓願，入一切智自在遊戲不可思議解脫之門，得佛菩提，現大神通，遍往一切十方法界，以微細智普入諸

就是那水鏡；我知道一切佛的所有形相，以及我的心念，都像幻化的景像；我知道一切佛，以及我的心念，都像空谷迴音。我能這般認知，這般憶念。**我所見到的佛，都緣自我的心念**。

善男子，你要知道，菩薩修行種種佛法，清淨佛土，積集種種功德妙行，教化調伏眾生，發廣大誓願，證入佛一切智自在遊戲不可思議的解脫法門，獲得佛的覺道，示現大神通，遍往十方一切法界，以微細精妙的智慧，**來往過去、現在、未來一切時劫。這一切都是自己心念所現**。

劫。如是一切，悉由自心。

海幢比丘言：「善男子，此三昧名普眼捨得；又名般若波羅蜜境界清淨光明；又名普莊嚴清淨門。善男子，我以修習般若波羅蜜故，得此普莊嚴清淨三昧，等百萬阿僧祇三昧。」

善財童子言：「聖者，此三昧境界究竟唯如是耶？」

海幢言：「善男子，入此三昧時，了知一切世界，無所障礙；往詣一切世界，無所

海幢比丘說：「善男子，這禪定名叫普眼捨得；又叫般若波羅蜜境界清淨光明；又叫普莊嚴清淨門。善男子，我因為修習般若波羅蜜法門，證得這普遍莊嚴清淨的禪定力，這禪定力等於無量無數的各種禪定力。」

善財童子又問：「聖者。這種禪定的究竟境界，就只有這樣嗎？」

海幢說：「善男子，當證入這禪定時，能了知一切世界，而毫無障礙；**能遍至一切世界，而毫無障礙；能超越一切世界，而毫無障礙**；能莊嚴一

障礙；超過一切世界，無所障礙；莊嚴一切世界，無所障礙；修治一切世界，無所障礙；嚴淨一切世界，無所障礙；見一切佛，無所障礙；觀一切佛廣大威德，無所障礙；知一切佛自在神力，無所障礙；證一切佛諸廣大力，無所障礙；入一切佛諸功德海，無所障礙；受一切佛無量妙法，無所障礙；入一切佛法中修習妙行，無所障礙；證一切佛轉法輪平等智，無所障礙；入一

切世界，而毫無障礙；能修治一切世界，而毫無障礙；能莊嚴清淨一切世界，而毫無障礙；能見一切佛，而毫無障礙；能觀察一切佛的廣大威德，而毫無障礙；能了知一切佛的自在神通力，而毫無障礙；能證得一切佛的各種廣大力量，而毫無障礙；能證得一切佛的各種廣大力量，而毫無障礙；**能進入一切佛的各種功德海，而毫無障礙**；能受持一切佛的無量妙法，而毫無障礙；能深入一切佛法中，修習妙法，而毫無障礙；能證得一切佛轉法輪度眾生的平等智，而毫無障礙；能進入一切諸佛無數的道場法會聽受佛法，而毫無障礙；能觀察十方世界的佛法，而毫無障礙；能以大悲心收取和護持十方世界的眾生，而毫無障礙；能了知一切眾生的六根

切諸佛眾會道場海，無所障礙；觀十方佛法，無所障礙；大悲攝受十方眾生，無所障礙；常起大慈，充滿十方，無所障礙；見十方佛心無厭足，無所障礙；入一切眾生海，無所障礙；知一切眾生根海，無所障礙；知一切眾生諸根差別智，無所障礙。

所做的大海，而毫無障礙；具有能了知一切眾生諸根差別的智慧，而毫無障礙。

什麼是趣向佛一切智的道路、看見諸法本性的大門之必要關鍵

善財童子五十參八～十（卷六十四）

如是略說，不為滿一佛誓願故，不為往一佛國土故，不為入一佛眾會故，不為持一佛法眼故，不為轉一佛法輪故，不為知一世界中諸劫次第故，不為知一眾生心海故，不為知一眾生根海故，不為知一眾生業海故，不為知一眾生行海故，不為知一眾生煩惱海故，不為知一眾生煩惱習海故，乃至不為知不可說不可說轉佛剎微塵數眾生煩惱習海故，發菩提心。

欲教化調伏一切眾生悉無

這情況大略地說，就是菩薩不會為了圓滿一佛的誓願，不會為了往一個佛土世界，不會為了要進入一佛的法會，不會為了要受持一佛的法眼，不會為了要轉一佛的法輪，不會為了要了知一佛世界在諸劫中的興替，不會為了知道一位眾生如海的心識，不會為了知道一位眾生如海的根行，不會為了知道一位眾生如海的業果，不會為了知道一位眾生如海的業行，不會為了知道一位眾生如海的煩惱，不會為了知道一位眾生如海的煩惱習氣，甚至不會為了知道數量無法形容的無數眾生如海的煩惱習氣，而發菩提心。

菩薩為了要調一切眾生，而且沒有任何遺漏，

餘故發菩提心，欲承事供養一切諸佛悉無餘故發菩提心，欲嚴淨一切諸佛國土悉無餘故發菩提心，欲護持一切諸佛正教悉無餘故發菩提心，欲成滿一切如來誓願悉無餘故發菩提心，欲往一切諸佛國土悉無餘故發菩提心，欲入一切諸佛眾會悉無餘故發菩提心，欲知一切世界中諸劫次第悉無餘故發菩提心，欲知一切眾生心海悉無餘故發菩提心，欲知一切眾生根海悉無餘故發菩提心，欲

才發菩提心。為了要承事供養一切諸佛，而且沒有任何遺漏，才發菩提心。**為了要莊嚴清淨一切佛土，而且沒有任何遺漏，才發菩提心**。為了要護持一切諸佛正教，而且沒有任何遺漏，才發菩提心。為了要成就圓滿一切如來的誓願，而且沒有任何遺漏，才發菩提心。為了要前往一切諸佛國土，而且沒有任何遺漏，才發菩提心。為了要進入一切諸佛的法會道場，而且沒有任何遺漏，才發菩提心。為了要知一切佛土世界在諸劫中的興替，而且沒有任何遺漏，才發菩提心。為了要知道一切眾生如海的心識，而且沒有任何遺漏，才發菩提心。為了要知道一切眾生如海的根行，而且沒有任何遺漏，才發菩提心。為了要知道一切眾生如海的業果，而且沒

知一切眾生業海悉無餘故發菩提心，欲知一切眾生行海悉無餘故發菩提心，欲滅一切眾生諸煩惱海悉無餘故發菩提心，欲拔一切眾生煩惱習海悉無餘故發菩提心。善男子！取要言之，菩薩以如是等百萬阿僧祇方便行故發菩提心。

善財見已，往詣其所，五體投地，作如是言：「我今得遇真善知識。善知識者，則是趣向一切智門，令我得入真實道故；善知識者，則是趣向一

有任何遺漏，才發菩提心。為了要知道一切眾生如海的業行，而且沒有任何遺漏，才發菩提心。**為了要滅除一切眾生如海的煩惱，而且沒有任何遺漏，才發菩提心**。為了要拔除一切眾生如海的煩惱習氣，而且沒有任何遺漏，才發菩提心。

善財童子見到了仙人，便來到他面前，五體投地，說道：「我今天見到了真正的善知識。**善知識是趣向佛一切智的大門，能使我得以進入真實的修行之道**。善知識是趣向佛一切智的車輛，能使我得以到達如來的果位。善知識是趣向佛一切智的船

切智乘，令我得至如來地故；善知識者，則是趣向一切智船，令我得至智寶洲故；善知識者，則是趣向一切智炬，令我得生十力光故；善知識者，則是趣向一切智道，令我得入涅槃城故；善知識者，則是趣向一切智燈，令我得見夷險道故；善知識者，則是趣向一切智橋，令我得度險惡處故；善知識者，則是趣向一切智蓋，令我得生大慈涼故；善知識者，則是趣向一切智眼，令我

筏，能使我得以到達智寶聚集之洲。善知識是趣向佛一切智的火炬，能使我生出十力的光明。善知識是趣向佛一切智的道路，能使我進入涅槃之城。善知識是趣向佛一切智的明燈，能使我得以區分道路是平坦或危險。善知識是趣向佛一切智的橋樑，能使我得以安全地越過危險的地方。善知識是趣向佛一切智的傘蓋，能使我升起廣大的慈悲與清涼心。**善知識是趣向佛一切智的眼睛，能使我得以觀見諸法本性的大門。**善知識是趣向佛一切智的潮水，能使我充滿大悲的水。

得見法性門故；善知識者，則是趣向一切智潮，令我滿足大悲水故。

時彼仙人放善財手，善財童子即自見身還在本處。

時彼仙人告善財言：「善男子，汝憶念耶？」

善財言：「唯，此是聖者善知識力。」

仙人言：「善男子，我唯知此菩薩無勝幢解脫。如諸菩薩摩訶薩成就一切殊勝三昧，於一切時而得自在，於一念頃

此時，仙人放下善財童子的手，善財就看到自己的身體又回到了原來的地方。

這時，仙人便問善財：「善男子，你還記得剛才的經歷嗎？」

善財說：「是的．這正是聖者的善知識力量所加持的。」

仙人又說：「善男子，我只知道這菩薩無勝幢解脫法門。若是像大菩薩們所成就的所有殊勝的禪定，任何時候都得身自在；**在一念之間能生起諸佛的無量智慧；以佛的智慧燈莊嚴，遍照一切世間；**

出生諸佛無量智慧，以佛智燈而為莊嚴普照世間，一念普入三世境界，分形遍往十方國土，智身普入一切法界，隨眾生心普現其前觀其根行而為利益，放淨光明甚可愛樂；而我云何能知能說彼功德行、彼殊勝願、彼莊嚴剎、彼智境界、彼三昧所行、彼神通變化、彼解脫遊戲、彼身相差別、彼音聲清淨、彼智慧光明？」

一念之間能遍入過去、未來、現在三世時空；以分身遍往十方佛土，以智身遍入一切法界；隨順眾生的心意而普遍現身在眾生眼前，觀察眾生的根器與所行，而為眾生說法利益眾生，放出清淨而令人愛樂的光明。我如何能知能說他們所修的無量功德？他們的殊勝的大願？他們所莊嚴的佛國？他們的智慧境界？他們的禪定修行？他們的神通變化？他們的解脫遊戲自在？他們的身相差別？他們的清淨的聲音？他們的智慧光明？」

爾時，善財童子為菩薩無勝幢解脫所照故，住諸佛不思議神力，證菩薩不思議解脫神通智，得菩薩不思議三昧智光明，得一切時熏修三昧智光明，得了知一切境界皆依想所住三昧智光明，得一切世間殊勝智光明；於一切處悉現其身，以究竟智說無二無分別平等法，以明淨智普照境界；凡所聞法皆能忍受，清淨信解，於法自性決定明了；心恒不捨菩薩妙行，求一切智永無退轉，獲得

此時，善財童子因為受到菩薩無勝歸解脫的光明照耀，安住在諸佛不可思議的神通力中，證得了菩薩不可思議解脫的神通智慧，獲得了菩薩不可思議的禪定智慧光明，獲得了於一切時薰修的禪定智慧光明，獲得了能了知一切境界皆依所想而住的禪定智慧光明，獲得了一切世間殊勝的智慧光明。**能在任何地方現身，以究竟的智慧，說平等無二的佛法；以明澈清淨的智慧，遍照一切境界。**凡是聽到的佛法，都能安忍受持，信心與悟解都得清淨。對於一切現象的自性本體，都能明白了達而信心堅定。心中永不離菩薩的微妙修行，追求佛的一切智永不退轉，獲得十力的智慧光明，勤求佛的妙法而永不疲倦滿足。以正法修行，入於佛的境界，生起

十力智慧光明，勤求妙法常無厭足，以正修行入佛境界，出生菩薩無量莊嚴，無邊大願悉已清淨；以無窮盡智知無邊世界網，以無怯弱心度無量眾生海；了無邊菩薩諸行境界，見無邊世界種種差別，見無邊世界種種莊嚴，入無邊世界微細境界，知無邊世界種種名號，知無邊世界種種言說，知無邊眾生種種解，見無邊眾生種種行，見無邊眾生成熟行，見無邊眾生差別想。

菩薩的無量莊嚴，無邊的大願也都已清淨。**以無窮盡的智慧，了知如網般交錯的無邊世界。**以不怯弱的心，救度如海的無量眾生。了知菩薩無邊願行的境界，**看見了無邊世界的種種差別相，看見了無邊世界的種種莊嚴相，深入無邊世界的各種微細境界。**能知道無邊世界的種種名號，能知解無邊世界的種種語言，知道無邊眾生種種不同的見解。見到了無邊眾生的種種業行，見到了無邊眾生種種成熟的修行，見到了無邊眾生種種不同的思想。

復有十千自在天王，於虛空中，各散天華。作如是言：「善男子，此婆羅門五熱炙身時，其火光明映奪我等。所有宮殿，諸莊嚴具，皆如聚墨，令我於中，不生愛著，即與眷屬來詣其所。此婆羅門為我說法，令我於心，而得自在；於煩惱中而得自在；於受生中，而得自在；於諸業障，而得自在；於諸三昧，而得自在；於莊嚴具，而得自在，於壽命中，而得自在；乃至能於一切佛法，而得自在。」

又有一萬位自在天王，在天空中各自撒下天花，並告訴善財：「善男子，這位婆羅門在五熱炙身時，這火的光明超過了我們所有的光明。我們有的宮殿，及各種莊嚴的器具，都變成了墨塊般，**使我們不再執著於這一切的器物**。我們便與眷屬們，來到他的住處。這位婆羅門為我們說法，讓我們的心識能夠自由自在；雖然在煩惱中，也能夠自由自在；雖然在六道中受生，也能夠自由自在；雖然在各種業障中，也能夠自由自在；在各種禪定中，也是自由自在；對各種莊嚴器具，也能不執著而自由自在；**在有限的生命中，自由自在**；甚至修行一切佛法中，也都自由自在。」

復有十千三十三天，並其眷屬，天子、天女，前後圍遶，於虛空中，雨天曼陀羅華，恭敬供養。作如是言：「善男子，此婆羅門五熱炙身時，令我等諸天於天音樂不生樂著，共詣其所。時，婆羅門為我等說一切諸法無常敗壞，令我捨離一切欲樂，令我斷除憍慢放逸，令我愛樂無上菩提。又善男子，我當見此婆羅門時，須彌山頂六種震動，我等恐怖，皆發菩提心堅固不動。」

有一萬位三十三天，以及他們的眷屬、天子天女們，前後圍繞，從天空降下天曼陀羅花，恭敬地併養勝熱。並告訴善財童子：「善男子，這位婆羅門在五熱炙身時，能讓我們天界的諸天，**對於天界的美妙音樂不再喜愛而執著**，便一同來到他的住處。此時他便為我們講**一切存在的現象都是無常，且終有敗壞的時候**。讓我們捨離了一切貪欲的快樂，讓我們斷除了驕傲放蕩不勤修行的習氣，讓我們樂求無上菩提。而且，善男子，當我們見到這位婆羅門時，須彌山頂發生了六種震動，我們因為畏懼這無常的現象，都發起了**堅固不移的菩提心。**」

復有十千龍王，所謂伊那跋羅龍王、難陀優波難陀龍王等，於虛空中，雨黑栴檀；無量龍女奏天音樂，雨天妙華及天香水，恭敬供養，作如是言：「善男子，此婆羅門五熱炙身時，其火光明普照一切諸龍宮殿，令諸龍眾離熱沙怖、金翅鳥怖，滅除瞋恚，身得清涼，心無垢濁，聞法信解，厭惡龍趣，以至誠心悔除業障，乃至發阿耨多羅三藐三菩提意，住一切智。」

又有一萬位龍王，即所謂伊那跋羅龍王、難陀、優波難陀龍王等從天空降下黑栴檀香。無數的龍女奏起天樂，降下天界的妙花，以及天界的香水，恭敬地供養勝熱。並且告訴善財童子：「善男子，這位婆羅門在五熱炙身時，大火的光明遍照一切的龍宮。使諸龍遠離對熱沙的怖畏、對金翅鳥（專食諸龍）的怖畏，**滅除了瞋怒心，獲得清涼的身體，心中也不再有垢染**。對於所聽到的佛法都能信能解，而厭惡龍趣，以至誠的心懺悔滅除過去的業障。甚至**發心追求無上正等正覺，安住在佛的一切智中**。」

如何看見諸佛出世的次序
通達所有智慧甚深
而清淨的法輪
善財童子五十參十一～十五（卷六十五）

爾時，善財童子於善知識所，起最極尊重心，生廣大清淨解，常念大乘，專求佛智，願見諸佛，觀法境界，無障礙智常現在前，決定了知諸法實際，常住際，一切三世諸剎那際，如虛空際，無二際，一切法無分別際，一切義無障礙際，一切劫無失壞際，一切如來無際之際。於一切佛心無分別。破眾想網，離諸執著，不取諸佛眾會道場，亦不取佛清淨國土；知諸眾生皆無有我，知一

此時，善財童子對勝熱這位善知識，生起了最為尊敬的心，對勝熱所說的法門，生起了廣大而清淨的信解。時時憶念著大乘佛法，一心一意追求佛的智慧，希望能見到一切諸佛。觀想這宇宙的一切境界，沒有障礙的智慧時時出現在眼前。心中已能正確而肯定地了知宇宙一切現象的真實本質，常住不變的本體；**三世中任何片段的一切，如虛空般廣大，同一實性無二無別，一切現象本來沒有分別，**一切義理本來相通沒有障礙，一切劫本來沒有成住壞空的差別，一切如來法身本來沒有邊際。**心中對於一切的如來，都不作差別想。**破除了諸多如網般的妄想，**遠離一切的執著**，不執取於諸佛的道場，也不執取諸佛的清淨國土。**了知眾生本來就沒有一**

切聲悉皆如響，知一切色悉皆如影。

善男子，我以此菩薩算法，算無量由旬廣大沙聚，悉知其內顆粒多少。亦能算知東方所有一切世界種種差別，次第安住。南西北方、四維上下，亦復如是。亦能算知十方所有一切世界廣狹大小，及以名字，其中所有一切劫名，一切佛名，一切法名，一切眾生名，一切業名，一切菩薩名，一切諦名，皆悉了知。

個永恆不變的我，了知所有的聲音不過如迴音般，了知一切色相不過是影子般。

善男子，我用這種菩薩所知的算法，可以算出方圓無量由旬的廣大沙堆，裡面有多少的沙粒。同時也能算出在東方的所有世界裡，**種種事物的差別，這些事物都井然有序地安住在各自的世界裡。**其他像南西北方及上下方，也都是如此。**我同時能算出十方所有的一切世界，它的範圍有多大多小，以及它們的名稱。**我還知道這一切世界裡，所有的劫名、所有的住世佛名，所有現象的名稱，所有眾生的名稱，所有業報的名稱，所有菩薩的名稱，所有佛法真諦的名稱。

善男子，我唯知此一切工巧大神通智光明法門。如諸菩薩摩訶薩，能知一切諸眾生數，能知一切諸法品類數，能知一切諸法差別數，能知一切三世數，能知一切眾生名數，能知一切諸法名數，能知一切諸如來數，能知一切諸佛名數，能知一切諸菩薩數，能知一切菩薩名數。而我何能說其功德，示其所行，顯其境界，讚其勝力，辨其樂欲，宣其助道，彰其大願，歎其妙行，闡其諸度，

善男子，我只知道這一切工巧大神通光明法門。若是像**大菩薩們，能知道一切眾生的數量，能知道一切現象中種種事物的品類與數量，能知道一切現象中的差別與數量**，能知道三世一切時劫的數量，能知道一切眾生的名稱內涵，能知道一切現象的名稱內涵，能知道一切如來的數量，能知道一切眾生的名稱內涵，能知道一切菩薩的數量，能知道一切菩薩的名稱內涵。像這樣，我如何能夠演說他們的功德，示現他們的修行，彰顯他們的境界，讚歎他們殊勝的力量，辯明他們的喜好，宣揚他們的助道力，彰顯他們的大願，讚歎他們的妙行，闡明他們的度化法門，演示他們的清淨，闡發他們殊勝的智慧光明？

演其清淨，發其殊勝智慧光明？

善男子，於此南方，有一大城，名曰海住。有優婆夷，名為具足。汝詣彼問，菩薩云何學菩薩行？修菩薩道？

時善財童子聞是語已，舉身毛豎，歡喜踴躍，獲得希有信樂寶心，成就廣大利眾生心。悉能明見一切諸佛出興次第，悉能通達甚深智慧清淨法輪。於一切趣，皆隨現身，了知三世平等境界，出生無盡功德大

善男子，從這裡往南，有個大城市，名叫海住。那裡住著一位受三歸五戒並具有清淨信心的女子，名叫具足。你到那裡去問她，菩薩要如何學習菩薩願行？要如何修行菩薩道？

當善財童子聽完了自在主童子這些話以後，全身毛髮直豎，歡喜跳躍。獲得了難得的信心與歡喜心，成就了廣大利益眾生的心。**能清楚地看見諸佛出世的次序**，能通達所有智慧甚深而清淨的法輪。**能在任何六道中隨意現身，為眾生說法。能了知三世一切平等的境界**，出生如大海一般的無盡功德，放出大智慧、大自在的光明，打開三有城所有的

海，放大智慧自在光明，開三有城所有關鑰。頂禮其足，遶無量匝，慇懃瞻仰，辭退而去。

爾時，善財童子觀察思惟善知識教猶如巨海，受大雲雨，無有厭足。作是念言：善知識教猶如春日，生長一切善法根苗；善知識教猶如滿月，凡所照及，皆使清涼。善知識教如夏雪山，能除一切諸獸熱渴。善知識教如芳池日，能開一切善心蓮華。善知識教如大寶洲，種種法寶充滿其心。善知識教

門。於是向自在主頂禮，繞行無數圈後，殷切地瞻仰，辭別離去。

此時，善財童子觀察思惟著善知識的教誨，就像大海一樣，雖然天上降下大雨，卻永不滿溢。於是生起了這樣的念頭：**善知識的教誨就像春天的太陽，能增長一切善法的根苗。善知識的教誨就像十五的滿月，凡是它所照的地方，都能得到清涼。**善知識的教誨就像十五月的滿月，凡是它所照的地方，都能得到清涼。善知識的教誨就像夏天的雪山，能消除大地上一切動物的熱渴。善知識的教誨就像芳草池塘上的太陽，能使眾生開出一切善心的蓮花。善知識的教誨就像埋藏大寶的島洲，使眾生

如閻浮樹，積集一切福智華果；善知識教如大龍王，於虛空中遊戲自在。善知識教如須彌山，無量善法三十三天於中止住。善知識教猶如帝釋，眾會圍遶，無能映蔽，能伏異道脩羅軍眾。

爾時，善財既見具足優婆夷已，頂禮其足，恭敬圍遶，合掌而立，白言：「聖者，我已先發阿耨多羅三藐三菩提心，而未知菩薩云何學菩薩行？云何修菩薩道？我聞聖者

心中充滿各種法寶。善知識的教誨就像閻浮樹，積滿了一切福德智慧的花果。善知識的教誨就像大龍王，在天空中自在地遊戲。善知識的教誨就像須彌山，無量的善法就像三十三天止住在須彌山上。善知識的教誨就像帝釋天，法會中眾人圍繞，沒有人能勝過他的光芒，又能降伏阿修羅道的軍眾。

當善財見到具足清信女以後，便向她頂禮，恭敬繞行，合掌佇立。然後說道：「聖者，我早已發心追求無上正等正覺，但不知道菩薩要如何學習菩薩願行？要如何修行菩薩道？我總說聖者善於誘教誨修行人，但願能為我說明。」

善能誘誨，願為我說。」

彼即告言：「善男子，我得菩薩無盡福德藏解脫門，能於如是一小器中，隨諸眾生種種欲樂，出生種種美味飲食，悉令充滿。假使百眾生、千眾生、百千眾生、億眾生、百億眾生、千億眾生、百千億那由他眾生，乃至不可說不可說眾生；假使閻浮提微塵數眾生、一四天下微塵數眾生，小千世界、中千世界、大千世界，乃至不可說不可說佛剎微塵數眾

具足便告訴善財：「善男子，我已證得了菩薩無盡福德藏解脫法門。我能夠在這小小的器皿中，隨順眾生種種不同的希求，出生種種不同的美味飲食，讓眾生們都能獲得滿足。無論是百位眾生、千位眾生、百千位眾生、億位眾生、百億位眾生、千億位眾生、百千億那由他位眾生，甚至是數量無法形容的眾生；或者是閻浮提微塵數眾生、一個四天下微塵數眾生，一個小千世界、中千世界、大千世界，甚至是數量無法形容的佛土世界所有微塵數的眾生；或者是十方世界的一切眾生。**像這樣無量無數的眾生，我都能讓他們隨著自己的希求，都獲得滿足。而且這器皿中的飲食也不會用盡，也不會**

生；假使十方世界一切眾生，隨其欲樂悉令充滿，而其飲食無有窮盡亦不減少。如飲食，如是種種上味、種種床座、種種衣服、種種臥具、種種車乘、種種華、種種鬘、種種香、種種塗香、種種燒香、種種末香、種種珍寶、種種瓔珞、種種幢、種種幡、種種蓋、種種上妙資生之具，隨意所樂悉令充足。

又善男子，假使東方一世界中，聲聞、獨覺食我食已，皆證聲聞、辟支佛果，住最後

稍有減少。

這器皿能生出前面所說的飲食，同時也能生出種種的上等美味、種種床座、種種衣服、種種臥具、種種車乘、種種花、種種鬘、種種香、種種塗香、種種燒香、種種末香、種種珍寶、種種瓔珞、種種幢、種種幡、種種傘蓋，像這樣種種不同的上妙的資生器具，都能隨順眾生的希求，讓眾生都獲得滿足。

再者，假如東方的一世界中，**有聲聞、獨覺眾用了我的飲食，他們便都能證得聲聞、辟支佛果位，安住在最後身，不入輪迴。**就像這東方的所有

身。如一世界中，如是百世界、千世界、百千世界、億世界、百億世界、千億世界、百千億世界、百千億那由他世界、閻浮提微塵數世界、一四天下微塵數世界、小千國土微塵數世界、中千國土微塵數世界、三千大千國土微塵數世界，乃至不可說不可說佛剎微塵數世界中，所有一切聲聞、獨覺食我食已，皆證聲聞、辟支佛果，住最後身。如於東方，南、西、北方，四維、上、下，亦復如

世界，東方其他的百世界、千世界、百千世界、億世界、百億世界、千億世界、百千億世界、百千億那由他世界、閻浮提微塵數世界、一個四天下微塵數世界、小千國土微塵數世界、中千國土微塵數世界、三千大千國土微塵數世界，甚至是無法形容的佛土世界微塵數的世界中，**所有的聲聞、獨覺眾，只要用了我的飲食，都能證得聲聞、辟支佛果位，安住在最後身，不入輪迴。**就像在東方的所有世界，其他的南西北方及上下方，也都是一樣。

是。

又善男子，東方一世界，乃至不可說不可說佛剎微塵數世界中，所有一生所繫菩薩食我食已，皆菩提樹下坐於道場，降伏魔軍，成阿耨多羅三藐三菩提；如東方，南、西、北方，四維、上、下，亦復如是。

善男子！汝見我此十千童女眷屬以不？

答言：「已見。」

優婆夷言：「善男子，此十千童女而為上首，如是眷屬

再者，善男子，假如東方一世界，甚至是數量無法形容的佛土世界微塵數量的世界中，所有最後生的菩薩，只要用了我的飲食，馬上就會坐在菩提樹下的道場，降伏魔軍，成就無上正等正覺。就像在東方，其他在南西北方、上下方，所有的最後身菩薩也都一樣。

善男子，你看到我這一萬位童女眷屬了嗎？

善財回答：「我看到了。」

具足說：「善男子，這一萬位童女是上首童女。像這樣的童女眷屬數有百萬阿僧祇，他們都與

百萬阿僧祇，皆悉與我同行、同願、同善根、同出離道、同清淨解、同清淨念、同清淨趣、同無量覺、同得諸根、同廣大心、同所行境、同理、同義、同明了法、同淨色相、同無量力、同最精進、同正法音、同隨類音、同清淨第一音、同讚無量清淨功德、同清淨業、同清淨報、同大慈周普救護一切、同大悲周普成熟眾生、同清淨身業隨緣集起令見者欣悅、同清淨口業隨世語言宣布法化、

我有同樣的修行、同樣的大願、同樣的善根、一同出離世間，同樣的清淨解脫、同樣的清淨心念、趣向同樣的清淨果位、同具無量的覺道、得到同樣的清淨根、同具廣大的心量、達到同樣的修行境界、具同樣的認知、對佛法有相同的理解、具同樣的清淨色相、同樣具有無量的力量、在修行中同樣精進、具同樣的正法妙音、同樣地隨順眾生語言說法、同具清淨第一音、同樣地讚揚無量的清淨功德、具同樣的清淨業行、同受清淨業報；具同樣的大慈心，周遍救護一切眾生；具同樣的大悲心，周遍成熟一切眾生；同具清淨的身業，隨順因緣的集起，教化眾生，讓見到的人都能欣喜；同具清淨的口業，隨顯世間的語言，宣揚佛法，教化眾生；共

同往詣一切諸佛眾會道場、同往詣一切佛剎供養諸佛、同能現見一切法門、同住菩薩清淨行地。

善男子，是十千童女，能於此器取上飲食，一剎那頃遍至十方，供養一切後身菩薩、聲聞、獨覺，乃至遍及諸餓鬼趣，皆令充足。善男子！此十千女以我此器，能於天中充足天食，乃至人中充足人食。善男子，且待須臾，汝當自見。」

同前往一切諸佛的道場；共同前往一切佛土，供養諸佛；同樣地能現出一切法門；**一同安住菩薩的清淨修行地。**

善男子，這一萬位童女能在這器皿中取出上妙的飲食，在一剎那間遍至十方世界，供養一切最後身菩薩，以及聲聞、獨覺眾，甚至遍至各個餓鬼趣，讓他們都獲得滿足。

善男子，這一萬位童女用我這器皿，能在天界中讓天眾們都獲得飽食，甚至讓人間的所有人也都獲得飽食。善男子，待會兒你自己就會看到了。」

說是語時，善財則見無量眾生從四門入，皆優婆夷本願所請。既來集已，敷座令坐，隨其所須，給施飲食，悉使充足。

告善財言：「善男子，我唯知此無盡福德藏解脫門。如諸菩薩摩訶薩一切功德，猶如大海甚深無盡，猶如虛空廣大無際，如如意珠滿眾生願，如大聚落所求皆得，如須彌山普集眾寶，猶如奧藏常貯法財，猶如明燈破諸黑闇，猶如高蓋

正說話間，善財童子就看到了無數的眾生從四面牆上的人門進入，這些眾生都是清信女在過去發下誓願請來的。眾生們都到了以後，便擺上座位，請他們坐下，隨順他們的需要布施飲食，讓他們都能獲得滿足。

具足接著告訴善財：「善男子，我只知道這無盡福德藏解脫法門。若是像大菩薩們的所有功德，有如大海，深而無盡，有如天空，廣大而沒有邊際；有如如意寶珠，能滿足眾生的希求；有如大聚落，需要的物品都能取得，有如須彌山，各種寶物都聚在這裡，有如深埋的寶藏，恆常埋藏著佛法的財寶；有如明燈，能破除各種黑暗；有如高聳的傘蓋，能普為眾生庇護。像這樣的修行功德，我如何

普蔭群生；而我云何能知能說彼功德行？

善男子，南方有城，名曰：大興；彼有居士，名曰：明智。汝詣彼問：菩薩云何學菩薩行、修菩薩道？」

時善財童子頂禮其足，遶無量匝，瞻仰無厭，辭退而去。

爾時，善財童子得無盡莊嚴福德藏解脫光明已，思惟彼福德大海，觀察彼福德虛空，趣彼福德聚，登彼福德山，攝彼福德藏，入彼福德淵，游彼

能知能說？

善男子，往南方有個城市，名叫大興。那裡住著一位居士，名叫明智。你到那裡去問他，菩薩要如何學習菩薩願行？要如何修行菩薩道？」

善財童子聽後，便向具足頂禮，繞行無數圈，恭敬地瞻仰，永不厭倦，然後辭別離去。

此時，善財童子在得到了無盡莊嚴福德藏解脫光明之後，思惟著具足的福德有如大海，觀察具足的福德有如虛空，趣向具足的福德聚集處，登上具足的福德寶山，攝受具足的福德寶藏，深入具足的福德深淵，優遊在具足的福德寶池，清淨具足的福

福德池，淨彼福德輪，見彼福德藏，入彼福德門，行彼福德道，修彼福德種。

德寶輪，見到具足的福德寶藏，進入具足的福德大門，修行具足的福德法門，修習具足的福德善根。

要如何修學
才能出生
佛一切智的智慧

善財童子五十參十六～廿十

（卷六十六）

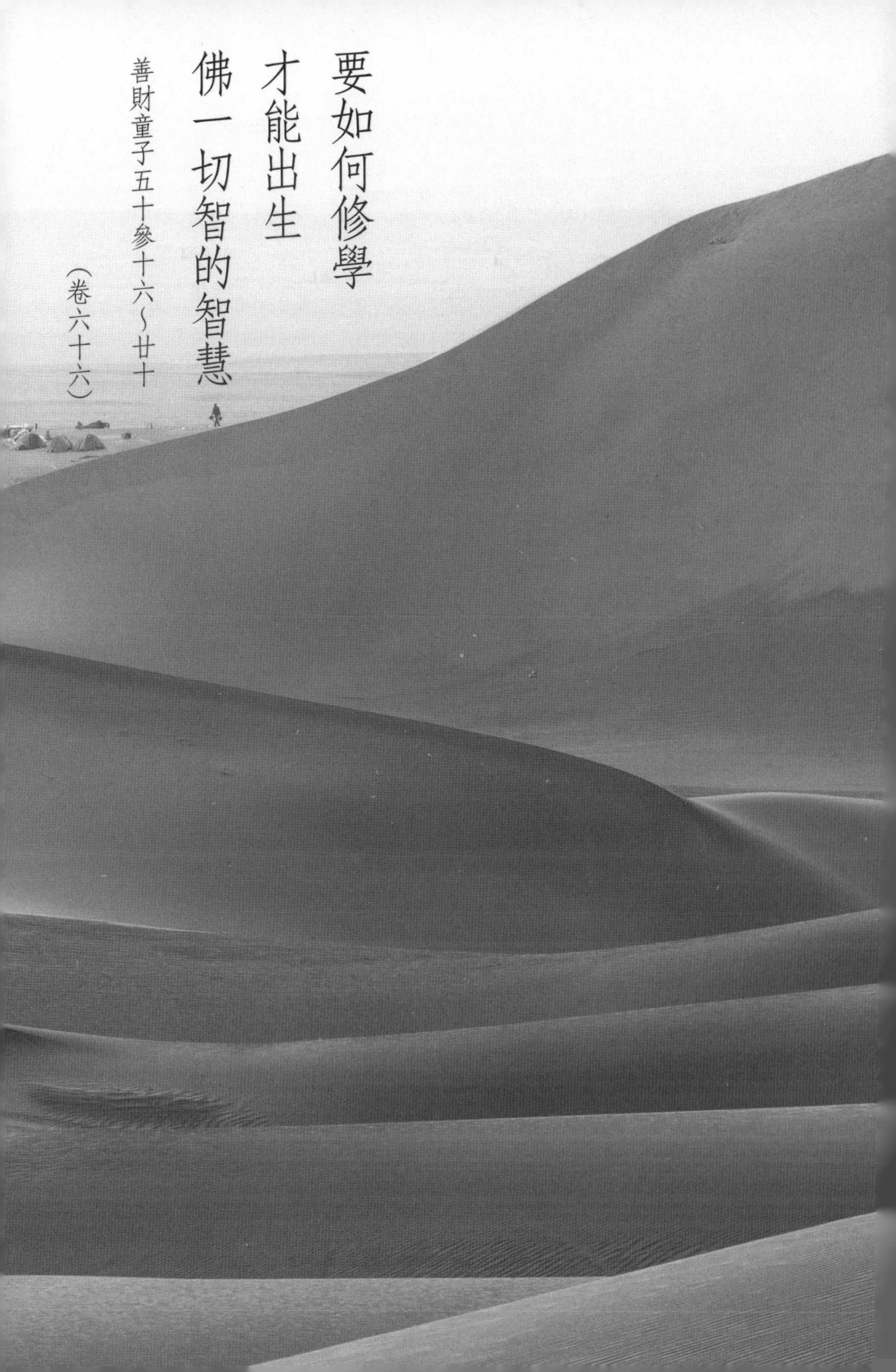

善男子，我唯得此如幻解脫。如諸菩薩摩訶薩得無生忍，知諸有趣悉皆如幻，菩薩諸行悉皆如化，一切世間悉皆如影，一切諸法悉皆如夢。入真實相無礙法門，修行帝網一切諸行，以無礙智行於境界，普入一切平等三昧，於陀羅尼已得自在。而我云何能知能說彼功德行？

善男子，我國土中一切眾生，皆於我所無有恐怖。善男子，若有眾生貧窮困乏，來至我所而有求索。我開庫藏恣其

善男子，我只證得這如幻解脫法門。若是像大菩薩們所證得的無生法忍，知道三界諸趣的眾生都如幻想，**菩薩的種種願行都如幻化，一切的世間都如影子，宇宙一切現象都如夢中所見景象。能毫無障礙地入於實相境界，**成就有如帝網、涵蓋一切的修行，能以無礙的智慧行於一切境界，遍入一切平等的禪定中，能自在地總持一切佛法。像這樣的修行功德，我又如何能知能說？

善男子，**在我國土中的眾生，他們都安住在我的道場中，沒有任何的恐怖畏懼。**

善男子，若是眾生們因為貧窮困乏，來到我這裡，而有所須求。我就打開庫藏，任由他們去拿。

所取，而語之言，莫造諸惡，莫害眾生，莫起諸見，莫生執著。汝等貧乏，若有所須，當來我所及四衢道，一切諸物種種具足，隨意而取勿生疑難。

善男子，此妙光城所住眾生，皆是菩薩發大乘意，隨心所欲，所見不同，或見此城其量狹小，或見此城其量廣大；或見土沙以為其地，或見眾寶而以莊嚴；或見聚土以為垣牆，或見寶牆周匝圍遶；或見其地多諸瓦石高下不平，或見

然後再告訴他們，不要造作各種惡行，不要去殘害眾生，**不要生起種種邪見，不要生起執著**。你們若是因為貧窮困乏，而有所須求，就來我這裡，或者是這四通八達的大馬路旁。一切需要的東西這裡都有，隨你們自己拿，不要有所遲疑。

善男子，**住在這妙光城中的眾生，都是菩薩發大乘心所攝受的，隨著眾生的欲念，所看到的境界各有不同**。或者看到這城體量狹小；或者看到這城體量非常廣大；或者看到的地面都是土沙；或者看到城地面是用種種寶物舖成，十分莊嚴。或者看到城牆是以土砌成；或者看到珍寶所建的城牆，圍繞在四周；或者看到地面上有許多的瓦礫，高低不平；或者看到無數的大如意寶珠，交錯舖在地面上，平

無量大摩尼寶間錯莊嚴平坦如掌；或見屋宅土木所成，或見殿堂及諸樓閣、階墀、闥、軒檻、戶牖——如是一切無非妙寶。

善男子，若有眾生其心清淨，曾種善根供養諸佛，發心趣向一切智道，以一切智為究竟處，及我昔時修菩薩行曾所攝受，則見此城眾寶嚴淨。餘皆見穢。

善男子，我發是心已來，經閻浮提微塵數劫，尚不生於

坦如手掌。或者看到房舍是以土木建成；或者看到的殿堂、樓閣、台階、窗戶、欄杆、門戶等等，這一切都是以妙好珍寶建成。

善男子，若是眾生們心念清淨，過去曾經種下善根供養諸佛，發心趣向佛一切智的修行道，以佛一切智為究竟的歸依處，以及我過去修習菩薩行時所攝受的眾生。**他們所看到的大光城就是種種珍寶所建，莊嚴而清淨，其他眾生看到的城就是種種不淨之物所建**。

善男子，我從發起這樣的心以來，經歷了無量無數劫，尚且不生起任何的欲念，更何況是行欲念

念欲之心，況行其事。爾所劫中，於自親屬不起瞋心，況他眾生。爾所劫中，於其自身不生我見，況於眾具而計我所。爾所劫中，死時、生時，及住胎藏，未曾迷惑，起眾生想，及無記心，況於餘時。爾所劫中，乃至夢中隨見一佛，未曾忘失，何況菩薩十眼所見。爾所劫中，受持一切如來正法，未曾忘失一文一句，乃至世俗所有言辭尚不忘失，何況如來金口所說。爾所劫中，受持一

的事。在這長劫當中，我對自己的親屬從來不會生起瞋怒心，更何況是其他的眾生。在這長劫當中，我對於自己的身體尚且不生起我所有的觀念，何況是身外的各種東西，怎會去計較那是我所有的？在這長劫當中，無論是生是死，或者住胎時，未曾因為有一絲的迷惑，而生起眾生想及無記心，以及不善不惡的心念，更何況是其他的時間。在這長劫當中，即使是在夢中，只要見到任何一佛，都不曾遺忘，何況是我以菩薩十眼所見的一切佛。在這長劫當中，我受持一切如來正法，未曾遺忘其中的一文一句，連世俗的所有言語都未曾遺忘，何況是如來金口所說的話。在這長劫當中，我受持如來大海般無數的佛法，一文一句我都細加思惟，無不用心觀

切如來法海，一文一句無不思惟，無不觀察，乃至一切世俗之法亦復如是。爾所劫中，受持如是一切法海，未曾於一法中不得三昧，乃至世間技術之法，一一法中悉亦如是。爾所劫中，住持一切如來法輪，隨所住持，未曾廢捨一文一句，乃至不曾生於世智，唯除為欲調眾生故。

爾所劫中，見諸佛海，未曾於一佛所不得成就清淨大願，乃至於諸化佛之所悉亦如

察，甚至世間的一切善法，我也都如此思惟。在這長劫當中，我受持這如大海般的一切佛法，在任何一法中，我沒有不得其中三昧的，甚至是世間的種種技術之類的法門，也都是如此。**在這長劫當中，我住持如來的一切法輪，隨我所住持的佛法，未曾捨棄其中的一文一句，甚至不曾產生世俗的智慧，除非是為了調伏眾生，才隨順世間的智慧。**

在這長劫當中，我見過如大海般的無量諸佛，在諸佛的任何一個道場中，我沒有一次不成就清淨的大願，甚至是在化佛們的道場，也都是如此。在

是。爾所劫中，見諸菩薩修行妙行，無有一行我不成就。爾所劫中，所見眾生，無一眾生我不勸發阿耨多羅三藐三菩提心，未曾勸一眾生發於聲聞、辟支佛意。

爾所劫中，於一切佛法，乃至一文一句，不生疑惑，不生二想，不生分別想，不生種種想，不生執著想，不生勝劣想，不生愛憎想。

善男子，我從是來，常見諸佛，常見菩薩，常見真實善

這長劫當中，我所曾見到的諸菩薩們所修的妙行，沒有任何一種法門是我沒成就的。在這長劫當中，我所見過的眾生，沒有一位眾生我不勸他發起無上正等正覺心，我不曾勸任何一位眾生發心成就聲聞或辟支佛道。**在這長劫當中，對於所有的佛法，甚至是一文一句，我從來不曾疑惑，不作斷見、常見二種想法，不會生起差別想**，不會生起種種的想法，不會生起執著的想法，不會生起有優劣的想法，不會生起對任何法喜愛或討厭的分別想。

善男子，從此以後，我常看到住世諸佛，常看到菩薩，也常看到真正的善知識。常聽到諸佛的大

知識。常聞諸佛願，常聞菩薩行，常聞菩薩波羅蜜門，常聞菩薩地智光明門，常聞菩薩無盡藏門，常聞入無邊世界網門，常聞出生無邊眾生界因門。

常以清淨智慧光明，除滅一切眾生煩惱；常以智慧生長一切眾生善根；常隨一切眾生所樂示現其身；常以清淨上妙言音，開悟法界一切眾生。

「善男子，我得菩薩求一切法無厭足莊嚴門；我得一切法平等地總持門，現不思議自

願，常聽到菩薩的修行，常聽菩薩的度眾法門，常聽到菩薩諸地的智慧光明法門，常聽到菩薩無盡寶藏的法門，常聽到入如網般綿密交織的無邊世界的法門，常聽到出生無量眾生因緣的法門。

我常以清淨的智慧光明，除滅眾生的一切煩惱；常以智慧生長眾生的一切善根；常隨順一切眾生所樂，示現眾生身，為他們說法；常以清淨上妙的聲音，開悟法界的一切眾生。

「善男子，我已證得菩薩求一切法無厭足莊嚴法門；我已證得一切法平等地總持法門。我能示現不可思議的自在神通變化，你想看看這境界嗎？」

在神變。汝欲見不？」

善財言：「唯！我心願見。」

爾時，不動優婆夷坐於龍藏師子之座，入求一切法無厭足莊嚴三昧門、不空輪莊嚴三昧門、十力智輪現前三昧門、佛種無盡藏三昧門……入如是等一萬三昧門。入此三昧門時，十方各有不可說佛剎微塵數世界六種震動，皆悉清淨瑠璃所成；一一世界中，有百億四天下，百億如來或住兜率天乃至

善財回答：「好啊！我很想看看。」

這時，不動清信女就坐在龍藏師子坐上，進入求一切法無厭足莊嚴禪定中、不空輪莊嚴禪定中、十力智輪現前禪定中、佛種無盡藏禪定中。**進入這樣的禪定以後，十方各有無量無數的佛土世界，都產生了六種吉祥的震動，使這一切世界都變得清淨，如琉璃所成般。**十方中的每一個佛土世界，各自有百億個四天下；百億位如來或住持在兜率天，甚至已示現涅槃；每一位如來都放出如網般綿密的光明，遍滿法界，各自在清淨道場中，眾人清淨圍繞，為眾生轉法輪，開悟眾生。

般涅槃；一一如來放光明網，周遍法界道場眾會，清淨圍遶，轉妙法輪，開悟群生。

如何捨離煩惱的染垢
永離生死怖畏的大海

善財童子五十參廿一～廿五（卷六十七）

善男子，閻浮提內九十六眾，各起異見而生執著。我悉於中方便調伏，令其捨離所有諸見。如閻浮提，餘四天下亦復如是。如四天下，三千大千世界亦復如是。如三千大千世界，如是十方無量世界諸眾生海，我悉於中，隨諸眾生心之所樂，以種種方便，種種法門，現種種色身，以種種言音而為說法，令得利益。

善男子，我將大船如是往來，未始令其一有損壞。若有

善男子，閻浮提世界共有九十六種外道，他們各自生起異端邪見，並執著於這些邪見。**我都一一化身在他們當中，以方便法調伏他們，讓他們捨離所有的邪見。**就如同在閻浮提世界，在四天下的其他地方也是一樣。如同在四天下，在其他的三千大千世界中也是一樣。如同在三千大千世界，同樣地在十方無數世界，如大海般無數眾生中，我都化身在他們當中，隨順眾生所期待的，以種種的方便，種種不同的法門，示現種種不同的色身，用種種不同的語言為他們說法，讓他們得到真正的利益。

善男子，我開著大船往來於海上，未曾讓他們有一人受到傷害。若是眾生能見到我，聽我說法，

眾生得見我身，聞我法者，令其永不怖生死海，必得入於一切智海，必能消竭諸愛欲海。能以智光照三世海，能盡一切眾生苦海，能淨一切眾生心海，速能嚴淨一切剎海，普能往詣十方大海，普知一切眾生根海，普了一切眾生行海，普順一切眾生心海。

善男子，我唯得此大悲幢行，若有見我，及以聞我，與我同住，憶念我者，皆悉不空。如諸菩薩摩訶薩，善能遊涉生

我讓他們永離生死怖畏的大海，必定能入於佛一切智的大海，必定能讓愛欲的大海乾枯。進而能以智慧的光明照三世大海，**能清淨一切眾生的苦海**，**能清淨一切眾生心念的大海**，能迅速莊嚴清淨無量佛土，能遍至十方無量世界，能遍知一切眾生種種無數不同的根性，能遍知一切眾生種種無數不同的業行，能普遍隨順眾生種種無數不同的心想。

善男子，我只證得這大悲幢修行法門，眾生若是能見到我，聽我說法，與我同住，心中憶念著我，都不會空手而回。**若是像大菩薩們，善於遊涉在生死大海中，不沾染如大海般的種種煩惱，能捨**

死大海，不染一切諸煩惱海，能捨一切諸妄見海，能觀一切諸法性海，能以四攝攝眾生海，已善安住一切智海，能滅一切眾生著海，能平等住一切時海，能以神通度眾生海，能以其時調眾生海。而我云何能知能說彼功德行？

爾時，善財童子見此大園無量功德、種種莊嚴，皆是菩薩業報成就，出世善根之所生起，供養諸佛功德所流，一切世間無與等者，如是皆從師子

離大海般的種種妄見，能觀察如大海般一切現象的本性，能以四攝法攝受無量眾生，已經妥善地安住在佛一切智的大海，能滅除一切眾生無量的執著，能以平等心安住在無量的一切時劫，能以神通度脫無量眾生，能在適當的時機調伏無量的眾生。像這樣的無量功能，我如何能知能說？

此時，善財童子見到這座大園林所具有的無量功德，以及種種的莊嚴相，都是菩薩業報所成就，由出世的善根中生起，由供養諸佛的功德所流出，所有一切世間的園林都無法與它相較。這一切都是從師子頻申比丘尼，能夠了知一切世間的現象都如

頻申比丘尼了法如幻集廣大清淨福德善業之所成就。

三千大千世界天龍八部、無量眾生，皆入此園而不迫窄。何以故？此比丘尼不可思議威神力故。

爾時，善財見師子頻申比丘尼遍坐一切諸寶樹下大師子座，身相端嚴，威儀寂靜，諸根調順，如大象王；心無垢濁，如清淨池；普濟所求，如如意寶；不染世法，猶如蓮華；心無所畏，如師子王；護持淨戒

幻化、積集廣大的清淨福德善業所成就的。

即使是三千大千世界中的天龍八部眾、無量的眾生，都來到這園林裡，也不會感到擁擠狹窄。為什麼呢？因為這園林是這位比丘尼以不可思議威神力所成就。

此時，善財童子看到師子頻申比丘尼的化身，遍坐在所有寶樹下的大師子座上。她身相端正莊嚴，具寂靜的威儀，六根調和柔順，就像大象王。心念不染垢濁，就像清淨的水池。普遍濟助所有眾生的希求，就像如意寶珠。不沾染世俗塵事，猶如蓮花出污泥而不染。心中沒有畏懼，就像師子王。護持清淨戒律不能被動搖，就像須彌山。能讓看到

不可傾動，如須彌山；能令見者心得清涼，如妙香王；能除眾生諸煩惱熱，如雪山中妙栴檀香；眾生見者，諸苦消滅，如善見藥王；見者不空，如婆樓那天；能長一切眾善根芽，如良沃田。在一一座，眾會不同，所說法門亦各差別。

她的人心境清涼，就像妙香王。能除去眾生種種煩惱燥熱，就像雪山中的妙栴檀香。眾生只要見到她，種種苦痛都會消滅，就像善見藥王。能讓見到她的人都不會沒有收穫，就像守護神婆樓那天。能增長種種善法的根苗，就像肥沃的良田。比丘尼化身所坐的師子座前，各有不同的會眾；所說的法門也各自不同。

為何十方一切諸佛
都是同一法身
卻各自任運無礙

善財童子五十參廿六～卌二（卷六十八）

漸次遊行，至於彼城。從東門入，佇立未久，便見日沒。心念隨順諸菩薩教，渴仰欲見彼主夜神，於善知識生如來想，復作是念：由善知識得周遍眼，普能明見十方境界；由善知識得廣大解，普能了達一切所緣；由善知識得三昧眼，普能觀察一切法門；由善知識得智慧眼，普能明照十方剎海。

作是念時：見彼夜神於虛空中，處寶樓閣香蓮華藏師子之座，身真金色，目髮紺青，

漸漸向南前進，來到了迦毗羅城，由東門入城。站立不久，就看到太陽西沈。善財的心念隨順著菩薩們的教誨，心中熱切地期待要見主夜神，對這位善知識，已生起如佛的想法。

善財心中又想：**由於善知識的緣故才能獲得周遍眼，能普遍而清楚地見到十方世界的境界**，由於善知識的緣故才獲得廣大的悟解力，能普遍了知所有接觸的境象；由於善知識的緣故，才獲得三昧眼，能普遍觀察一切修行法門；由於善知識的緣故才能獲得智慧眼，能普遍明照如海般的十方佛土。

正當善財童子如此觀想時，便看見婆珊婆演底主夜神在虛空中，坐在寶樓閣裡，香蓮華藏師子座上。他全身金色，眼睛及頭髮是赤青色，身形容貌

形貌端嚴，見者歡喜，眾寶瓔珞以為嚴飾，身服朱衣，首戴梵冠，一切星宿炳然在體。於其身上一一毛孔，皆現化度無量無數惡道眾生，令其免離險難之像；是諸眾生，或生人中，或生天上，或有趣向二乘菩提，或有修行一切智道。又彼一一諸毛孔中，示現種種教化方便，或為現身，或為說法，或為示現聲聞乘道，或為示現獨覺乘道，或為示現諸菩薩行、菩薩勇猛、菩薩三昧、菩薩自在、

端正莊嚴，見到的人無不歡喜。種種珍貴的瓔珞莊嚴地佩在身上，身穿紅色的衣服，頭戴梵天冠，一切星辰的光芒都在他身上閃爍著。從他身上的每一個毛孔中，都示現出化度無量無數惡道眾生，讓他們免離所有危險苦難的形像。這些眾生脫離惡道以後，有的轉生人道中，有的轉生天道。也有些則是趣向二乘的菩提道，有些則是修行佛一切智的大乘佛道。

從主夜神的每一個毛孔中，又示現出以種種方便法門教化眾生的形像。或者示現身相；或者示現說法；或者示現為聲聞乘佛道；或者示現獨覺乘佛道；或者示現種種菩薩行門，菩薩的勇猛精進，菩薩的禪定法門，菩薩的自在，菩薩的安住處，菩薩

菩薩住處、菩薩觀察、菩薩師子頻申、菩薩解脫遊戲，如是種種成熟眾生。

善男子，我得菩薩破一切眾生癡暗法光明解脫。善男子，我於惡慧眾生，起大慈心；於不善業眾生，起大悲心；於作善業眾生，起於喜心；於善惡二行眾生，起不二心；於雜染眾生，起令生清淨心；於邪道眾生，起令生正行心；於劣解眾生，起令與大解心；於樂生死眾生，起令捨輪轉心；於住

的觀察，菩薩的師子頻申，菩薩的解脫自在遊戲。主夜神示現這種種的方便法門，來成熟眾生。

善男子，我證得了菩薩破一切眾生痴暗法光明解脫法門。善男子，當我面對具邪惡智慧的眾生，我便以大慈心教化他們；面對作不善業的眾生，我便以大悲心教化他們；面對作善業的眾生，我便以歡喜心教化他們；**面對作善惡二業的眾生，我便以善惡皆空，平等無分別教化他們；面對雜染不淨的眾生，我便要他們生起清淨心**；面對行邪道的眾生，我便要他們生起依正法而行的心；面對粗劣見解的眾生，我便要他們生起正解的心，面對樂在生死的眾生，便要他們生起捨離輪迴的心；面對安住

二乘道眾生，起令住一切智心。

善男子，我以得此解脫故，常與如是心共相應。

善男子，我於夜闇人靜，鬼、神、盜賊、諸惡眾生所遊行時，密雲重霧、惡風暴雨、日月星宿並皆昏蔽不見色時，見諸眾生，若入於海，若行於陸，山林、曠野、諸險難處，或遭盜賊，或乏資糧，或迷惑方隅，或忘失道路，慞惶憂怖不能自出；我時即以種種方便而救濟之。

二乘道的眾生，便要他們生起求佛一切智的心。

善男子，我因為證得這解脫法門，時時能與這種種的心相應。

善男子，我每每於夜黑人靜，眾鬼神、盜賊等等惡行的眾生現身遊蕩時；雲霧密怖，強風暴雨，日月星辰都被掩蔽，伸手不見五指時。若是看到眾生，或者是航行於海中；或者是行走在陸地上的山林曠野，種種危險困難的地方。他們有些是遭遇盜賊，有些是缺乏糧食，有些是迷失了方向，有些是迷失了道路，因而慌張害怕，無法自己走出來。那時我便以種種的方便法，前來救助他們。

為海難者，示作船師、魚王、馬王、龜王、象王、阿脩羅王及以海神；為彼眾生，止惡風雨，息大波浪，引其道路，示其洲岸，令免怖畏，悉得安隱。復作是念，以此善根，迴施眾生，願令捨離一切諸苦。

為在陸地一切眾生於夜暗中遭恐怖者，現作日月及諸星宿、晨霞、夕電種種光明，或作屋宅，或為人眾，令其得免恐怖之厄。復作是念，以此善根，迴施眾生，悉令除滅諸煩

我為那些遭遇海難的眾生，化現為船師、魚王、馬王、龜王、象下、阿脩羅王，以及海神等；為眾生們停息惡風惡雨及大波浪，引導他們正確的航路，指示他們陸地及海洋。讓他們免於恐懼害怕，都能獲得安穩。我心中又想著，願意以此善根迴向布施給眾生，讓他們都能捨離種種的苦難。

為那些在陸地上，於暗夜中受到驚嚇危難的一切眾生，化現為日月星辰，或者是早晨的彩霞、傍晚的電光等，種種的光明。**或者變作示現為房舍，或者變作示現與他們作伴的人，讓他們免於恐懼的災厄。**我心中又想著，願意以此善根迴向布施給眾生，讓他們都能滅除如暗夜般的種種煩惱。

惱暗。

一切眾生，有惜壽命，有愛名聞，有貪財寶，有重官位，有著男女，有戀妻妾，未稱所求，多生憂怖；我皆救濟，令其離苦。

為行山險而留難者，為作善神，現形親近；為作好鳥，發音慰悅；為作靈藥，舒光照耀；示其果樹，示其泉井，示正直道，示平坦地，令其免離一切憂厄。

為行曠野、稠林、險道，

所有的眾生只要有愛惜生命的，有愛惜名聲的，有貪求財寶的，有重視官位的，有執著於男女情愛的，有眷戀妻妾的，因為不能滿足所求而心生憂愁時；我都會濟助他們，讓他們滿足而遠離苦難。

為那些行走山間險道而遭到阻難的人，與他們親近；化現為善鳥，出聲安慰他們；化現為靈藥，以舒適的光明照耀他們。為他們指示果樹、泉井的地方，指示正確、平坦的道路，讓他們免離一切的憂愁與災厄。

為那些行走在曠野密林等危險道路上，被藤蔓

藤蘿所　、雲霧所暗而恐怖者，示其正道，令得出離。作是念言：願一切眾生，伐見稠林，截愛羅網，出生死野，滅煩惱暗，入一切智平坦正道，到無畏處畢竟安樂。

願我速以大智光明，破彼眾生無明黑暗，令其疾發阿耨多羅三藐三菩提心。既發心已，示普賢乘，開十力道，亦示如來法王境界，亦示諸佛一切智城、諸佛所行、諸佛自在、諸佛成就、諸佛總持、一切諸佛

糾纏、雲霧遮蔽而心生慌亂的眾生，指示正確的道路，讓他們走出密林險道。我心中又想著，願一切眾生砍除邪見的密林，截斷愛欲的羅網，出離生死的曠野，滅除煩惱的遮障。**讓眾生走上佛一切智的平坦正道，到達無所畏懼、畢竟安樂的地方。**

願我能迅速地以大智慧的光明，破除這些眾生們的無明黑暗，讓他們馬上發起無上正等正覺心。發心以後，再示現普賢法門，開示成就佛十力的佛道。同時示現如來法王的境界，諸佛一切智的城堡，諸佛的妙行，諸佛的自在，諸佛的成就，諸佛的總持一切法，十方一切諸佛都是同一法身，十方一切諸佛都平等無別的境界，讓眾生們都安住在佛

共同一身、一切諸佛平等之處，令其安住。

爾時，婆珊婆演底主夜神，欲重宣此解脫義，承佛神力，觀察十方，為善財童子而說頌言：

我此解脫門，生淨法光明，
能破愚癡暗，待時而演說。
我昔無邊劫，勤行廣大慈，
普覆諸世間，佛子應修學。
寂靜大悲海，出生三世佛，
能滅眾生苦，汝應入此門。
能生世間樂，亦生出世樂，

的平等境界中。

此時，婆珊婆演底主夜神為了要再度說明這解脫法門的義理，於是承佛的威神力，觀察十方世界，然後為善財童子頌出偈語：

我這解脫法門，能出生清淨的佛法光明，
能破除愚痴黑暗，必須在適當的時機才演說。
我在過去無數時劫中，勤於修行廣大的慈心，
以這慈心遍覆一切世間，佛子們也都應該修習。
這大悲心寂靜如海，能出生三世諸佛，
能滅除眾生的諸苦，你應該證入這大悲法門。
能出生世間的快樂，也能出生出世間的快樂，

令我心歡喜，汝應入此門。
既捨有為患，亦遠聲聞果，
淨修諸佛力，汝應入此門。
我目甚清淨，普見十方剎，
亦見其中佛，菩提樹下坐，
相好莊嚴身，無量眾圍遶，
一一毛孔內，種種光明出；
我耳甚清淨，聽之無不及，
一切語言海，悉聞能憶持；
諸佛轉法輪，其聲妙無比，
所有諸文字，悉皆能憶持。
我鼻甚清淨，於法無所礙，
一切皆自在，汝應入此門。

讓我心中生起歡喜，你應該證入這法門。
既能捨棄有為法的過患，也能遠離聲聞果位，
清淨修行諸佛的十力，你應該證入這法門。
我的眼睛非常清淨，能普見十方佛土，
也能看到佛土中的住世佛，就在菩提樹下坐。
佛的身相莊嚴妙好，無數的大眾圍繞身邊，
每一個毛孔中，都放出種種的光明；
我的耳根非常清淨，沒有聽不到的聲音，
如大海般的一切語言，都能聽聞並憶念不忘；
諸法轉法輪的聲音美妙無比，
所有的語言文字，我都能憶念不忘。
我的鼻根非常清淨，嗅聞一切味道都沒有障礙，
一切皆得自在，你應該證入這法門。

我舌甚廣大，淨好能言說，
隨應演妙法，汝應入此門。
我身甚清淨，三世等如如，
隨諸眾生心，一切悉皆現。
我心淨無礙，如空含萬像，
普念諸如來，而亦不分別。
了知無量剎，一切諸心海，
諸根及欲樂，而亦不分別。
我以大神通，震動無量剎，
其身悉遍往，調彼難調眾。
我福甚廣大，如空無有盡，
供養諸如來，饒益一切眾。
我智廣清淨，了知諸法海，

我的舌根非常廣大，清淨妙好善於言詞，
能隨機演說妙法，你應該證入這法門。
我的身根非常清淨，能在三世平等現身，
隨順眾生們的希求，普遍示現在十方世界。
我的意根清淨無礙，如虛空一般包羅萬象，
普遍憶念一切如來，而不起分別心。
了知一切佛土世界，一切眾生的心識大海，
眾生的六根知覺與欲樂，而不起分別心。
我以大神通力，震動無量佛土世界，
身體也能遍往那些佛土，調伏難以調伏的眾生。
我的福德非常廣大，如虛空沒有盡頭，
用以供養一切如來，利益一切眾生。
我的智慧廣大清淨，了知宇宙的一切現象，

除滅眾生惑，汝應入此門。
我知三世佛，及以一切法，
亦了彼方便，此門遍無等。
一一塵中見，三世一切剎，
亦見彼諸佛，此是普門力。
十方剎塵內，悉見盧舍那，
菩提樹下坐，成道演妙法。
爾時，善財童子向婆珊婆演底神而說頌曰：
見汝清淨身，相好超世間，
如文殊師利，亦如寶山王。
汝法身清淨，三世悉平等，
世界悉入中，成壞無所礙。

能除滅眾生的疑惑，你應該證入這法門。
我能了知三世諸佛，及一切諸佛法門，
也了解諸佛的方便法，這法門普遍而沒有分別。
每一個微塵中，都能見到三世的所有佛土，
也看到了佛土的諸佛，這是普遍法門的力量。
十方佛土的微塵裡，都能看到盧舍那佛，
坐在菩提樹下，成就佛道演說妙法。
善財聽完了主夜神的話，便對著主夜神以偈頌道：
看到您清淨的身相，相好超越一切世間，
就好像文殊師利，又好像寶山王。
你的法身清淨，在三世平等現身，
十方世界都入您法身中，成與壞都無所障礙。

我觀一切趣，悉見汝形像，
一一毛孔中，星月各分布。
汝心極廣大，如空遍十方，
諸佛悉入中，清淨無分別。
一一毛孔內，悉放無數光，
十方諸佛所，普雨莊嚴具。
一一毛孔內，各現無數身，
十方諸國土，方便度眾生。
一一毛孔內，示現無量剎，
隨諸眾生欲，種種令清淨。
若有諸眾生，聞名及見身，
悉獲功德利，成就菩提道。
多劫在惡趣，始得見聞汝，

我觀察一切善趣及惡趣，都有您在教化眾生，
在您的每個毛孔中，遍滿了十方世界的星月。
你的心量極為廣大，如虛空遍滿十方世界，
諸佛都進入您的法身中，清淨而沒有分別。
您的每一個毛孔內，都放出無數的光明，
在十方的諸佛道場，降下各種莊嚴的供養用具。
您的每一個毛孔內，各自化現無數的化身，
遍至十方佛土，以方便法救度眾生。
您的每一個毛孔內，示現無量的佛土世界，
隨順眾生的希求，以種種法門讓眾生清淨。
如果有眾生們聽到您的名號、見到您的身相，
都能獲得功德和利益，成就菩提道。
眾生雖然淪落惡道多劫，才能見到您，

亦應歡喜受，以滅煩惱故。
千剎微塵劫，歎汝一毛德，
劫數猶可窮，功德終無盡。

也應該歡喜承受，因為您能滅除他們的煩惱。
縱以無量劫讚歎您的功德，也是九牛一毛，
劫數還有窮盡的時候，您的功德讚歎不盡。
當善財說完偈以後，便向主夜神頂禮，繞行無數圈，殷勤地瞻仰，告辭離去。

菩薩如何讓世間眾生們遠離顛倒妄想
安住在諸佛的境界

善財童子五十參卅三～卅四（卷六十九）

爾時，善財童子了知彼婆珊婆演底夜神初發菩提心所生菩薩藏，所發菩薩願，所淨菩薩度，所入菩薩地，所修菩薩行，所行出離道，一切智光海，普救眾生心，普遍大悲雲。於一切佛剎，盡未來際，常能出生普賢行願。

漸次遊行，至普德淨光夜神所。頂禮其足，遶無數匝，於前合掌而作是言：「聖者，我已先發阿耨多羅三藐三菩提心，而我未知菩薩云何修行菩

這時候的善財童子，清楚地知道婆珊婆演底主夜神在初發菩提心以後，所出生的菩薩寶藏，所發的菩薩大願，所清淨的度眾生法門，所證入的菩薩境地，所修的菩薩願行，所修的出離三界法，如大海般的一切智慧光明，普救眾生的心，如大雲遍覆般的大悲心。在所有的佛土世界，窮盡未來的時光，時時能生起普賢的行願。

漸漸前行，來到了普德淨光夜神的道場。於是善財便向夜神頂禮，繞行無數圈，然後在他面前合掌說道：「聖者，我早已發心追求無上正等正覺，但是不知道菩薩要如何修行菩薩境地，要如何出生在菩薩境地？要如何成就菩薩境地？」

薩地？云何出生菩薩地？云何成就菩薩地？」

夜神答言：「善哉，善哉。善男子，汝已能發阿耨多羅三藐三菩提心，今復問於菩薩地修行、出生及以成就。

善男子，菩薩成就十法，能圓滿菩薩行。何者為十？一者，得清淨三昧，常見一切佛。

二者，得清淨眼，常觀一切佛相好莊嚴。

三者，知一切如來無量無邊功德大海。

夜神回答：「好啊！好啊！善男子，你已經能發心追求無上正等正覺，現在又來問菩薩諸地要如何修行，如何出生，以及如何成就。

善男子，菩薩只要成就十種正法，就能圓滿菩薩的修行。是哪十種呢？

一是**證得清淨的禪定力，時時能見到一切佛**。

二是證得清淨法眼，以此法眼時時觀察一切佛的相而莊嚴的身相。

三是能認知一切如來如大海般、無量無邊的功德。

四者，知等法界無量諸佛法光明海。

五者，知一切如來，一一毛孔放等眾生數大光明海，利益無量一切眾生。

六者，見一切如來，一一毛孔出一切寶色光明焰海。

七者，於念念中出現一切佛變化海，充滿法界，究竟一切諸佛境界，調伏眾生。

八者，得佛音聲，同一切眾生言音海，轉三世一切佛法輪。

四是能認知諸佛如大海般、與法界等量的無量法光明。

五是能認知**一切如來的每一個毛孔中，都能放出如大海般、與眾生數量相等的大光明，利益無量的一切眾生**。

六是能見到一切如來的每一個毛孔中，都放出如大海般、種種珍寶顏色的光明火焰。

七是在念念之中出現如大海般的一切佛變化身。這化身遍滿法界，與佛一樣已究竟一切佛的境界，在法界調伏眾生。

八是獲得如大海般、與眾生相同的一切語言，這也就是佛的聲音，**在三世中轉一切佛的法輪**。

九者，知一切佛無邊名號海。

十者，知一切佛調伏眾生，不思議自在力。

善男子，菩薩成就此十種法，則能圓滿菩薩諸行。

善男子，我得菩薩解脫，名寂靜禪定樂普遊步。普見三世一切諸佛。亦見彼佛清淨國土，道場眾會，神通名號，說法壽命，言音身相。種種不同，悉皆明睹，而無取著。何以故？知諸如來非去，世趣永滅故；

九是知曉佛無邊名號之海。

十是知道一切佛調伏眾生所具備的、不可思議的自在神通力。

善男子，菩薩若是能成就這十種正法，就能圓滿菩薩應具備的種種修行。

善男子，我證得的菩薩解脫法門，名叫寂靜禪定樂普遊步。我能普遍見到三世中的一切諸佛。同時也看到每位佛住世的清淨佛土、法眾聚會的道場、佛的神通與名號、所說的佛法與住世壽命、佛的聲音與身相。這些種種的不同，我都能清楚看見，但都不會有所執取或執著。為什麼呢？因為我知道如來非去，因為如來已永遠滅除世間的生死輪非來，體性無生故；非生，法身平等故；非滅，無有生相故；非實，住如幻法故；非妄，利益眾生故；非遷，超過生死故；非壞，性常不變故；一相，言語悉離故；無相，性相本空故。

善男子，我如是了知一切如來時，於菩薩寂靜禪定樂普遊步解脫門，分明了達，成就增長，思惟觀察，堅固莊嚴，不起一切妄想分別，大悲救護一切眾生，一心不動，修習初

迴；**非來**，因為**如來的本體自性無所謂生**；**非生**，因為**如來的法身平等遍一切處**；**非滅**，因為**如來本來就沒有生相**；**非實**，因為如來安住在一切現象皆如幻的禪定中；**非妄**，因為如來能利益眾生；**非遷**，因為如來已超越生死；**非壞**，因為**如來的自性本體恆常沒有變易**；一相，因為如來不是言語所能形容；無相，因為**如來的性相本空**。

善男子，當我如此清楚地認知如來時，對菩薩的寂靜禪定樂普遊步解脫法門，能明確地了知通達，而不斷地成就增長，**我思惟觀察**，**以信心堅固莊嚴**，**不起任何的妄想或分別心**，以大悲心救護一切眾生。

我一心不動地修習初禪；息滅一切意念的活

禪；息一切意業，攝一切眾生，智力勇猛，喜心悅豫，修第二禪；思惟一切眾生自性，厭離生死，修第三禪；悉能息滅一切眾生眾苦熱惱，修第四禪。增長圓滿一切智願，出生一切諸三昧海，入諸菩薩解脫海門，遊戲一切神通，成就一切變化，以清淨智普入法界。

爾時，普德淨光夜神欲重宣此解脫義，為善財童子而說頌曰：

動，攝持一切眾生，智慧的力量十分勇猛，使我心中喜悅舒暢。

進而修第二禪；思惟一切眾生的自性，知道生死不可喜，使我厭離了生死。

進而修第三禪；完全息滅了一切眾生所受的種種苦與焦熱煩惱。

進而修第四禪。增長並圓滿佛一切智的大願，出生在如大海般的無量禪定中，證入如大海般的種種菩薩解脫法門，遊戲在一切神通中，成就一切變化。於是我能以清淨的智慧，普遍入於法界。

此時，普德淨光夜神為了要再次說明這解脫法門的義理，便為善財童子以偈頌道：

若有信解心，盡見三世佛；
彼人眼清淨，能入諸佛海。
汝觀諸佛身，清淨相莊嚴；
一念神通力，法界悉充滿。
盧舍那如來，道場成正覺，
一切法界中，轉於淨法輪。
如來知法性，寂滅無有二，
清淨相嚴身，遍示諸世間。
佛身不思議，法界悉充滿，
普現一切剎，一切無不見。
佛身常光明，一切剎塵等，
種種清淨色，念念遍法界。

若是具備信心與悟解心，便能盡見三世諸佛；
眾生若是眼根清淨，便能深入諸佛的大海。
你觀察諸佛的身相，清淨又莊嚴；
在一念之間，以神通力化身遍滿法界。
盧舍那如來在道場成就正等正覺，
現身在所有法界中，轉清淨法輪。
如來知道一切現象的本體自性都是寂滅而無二無別，
以清淨莊嚴身相，普遍示現在不同的世間。
佛的法身不可思議，充滿整個法界；
一切佛土的一切現象，都在佛的法身中示現。
佛身常常放出大光明，數量等於一切佛土微塵，
種種清淨的色身，在念念之間遍滿法界。

如來一毛孔，放不思議光，
普照諸群生，令其煩惱滅。
如來一毛孔，出生無盡化，
充遍於法界，除滅眾生苦。
佛演一妙音，隨類皆令解；
普雨廣大法，使發菩提意。
佛昔修諸行，已曾攝受我；
故得見如來，普現一切剎。
諸佛出世間，量等眾生數；
種種解脫境，非我所能知。
一切諸菩薩，入佛一毛孔；
如是妙解脫，非我所能知。

如來的每個毛孔，都放出不可思議的光明，
遍照所有眾生，除去眾生的煩惱。
如來的每個毛孔，都出生無數的變化身，
遍滿整個法界，除滅眾生的苦痛。
佛以一種聲音演說，眾生都以各自語言悟解；
普遍降下廣大的法雨，令眾生發起菩提心。
佛在過去修行的時候，就已經佛以慈悲心收取和護持我；
所以我能看到佛的化身普遍示現在一切佛土。
諸佛的化身出現在世間，數量與眾生相等；
種種的解脫境界，不是我所能知道的。
所有的菩薩都在佛的一毛孔中；
這樣微妙的解脫法門，不是我所能知道的。

此近有夜神，名喜目觀察；汝應往詣彼，問修菩薩行。

爾時，善財童子敬善知識教，行善知識語。作如是念：善知識者，難見難遇。見善知識，令心不散亂；見善知識，破障礙山；見善知識，入大悲海救護眾生；見善知識，得智慧光普照法界；見善知識，悉能修行一切智道；見善知識，普能睹見十方佛海；見善知識，得見諸佛轉於法輪，憶持不忘。作是念已，發意欲詣喜

這附近有一位夜神，名叫喜目觀察；你應該到那裡去問他，菩薩要如何修行。

此時，善財童子恭敬地領受夜神善知識的教誨，依彥知識的話實踐。心中生起了這樣的念頭：善知識真是難以見到，難得遇上。見到善知識，使心念不會散亂；見到善知識，能破除如山的修行障礙；見到善知識，能以無量的大悲救護眾生；見到善知識，能獲得智慧的光明，遍照法界；見到善知識，能普遍修行得佛一切智的方法；見到善知識，能完全看到如海般的無數十方佛土；見到善知識，能見到諸佛轉法輪，並且憶念受持不忘。興起這念頭以後，便發心要去喜目觀察眾生夜神的住處。

目觀察眾生夜神所。

時喜目神加善財童子，令知親近善知識，能生諸善根，增長成熟。所謂令知親近善知識，能修助道具；令知親近善知識，能起勇猛心；令知親近善知識，能作難壞業；令知親近善知識，能得難伏力；令知親近善知識，能入無邊方；令知親近善知識，能久遠修行；令知親近善知識，能辦無邊業；令知親近善知識，能行無量道；令知親近善知識，能得

這時，喜目夜神便加持善財童子，讓他知道，親近善知識能出生種種善根，並使善根增長成熟。即所謂：讓他知道，親近善知識能修習種種幫助圓成佛道的方法；讓他知道，親近善知識能生起勇猛的心；讓他知道，親近善知識能作不可被破壞的善業；讓他知道，親近善知識能獲得難以停止的修道力；讓他知道，親近善知識能入無邊的十方世界；讓他知道，親近善知識能永遠在佛注中修行；讓他知道，親近善知識能辦成無邊的善業；讓他知道，親近善知識能修行無量的法門；讓他知道，親近善知識能不離本處而化身遍至十方世界。

速疾力普詣諸剎；令知親近善知識，能不離本處遍至十方。

時，善財童子遽發是念：由親近善知識，能勇猛勤修一切智道；由親近善知識，能速疾出生諸大願海；由親近善知識，能為一切眾生，盡未來劫，受無邊苦；由親近善知識，能被大精進甲，於一微塵中說法，聲遍法界；由親近善知識，能速往詣一切方海；由親近善知識，於一毛道，盡未來劫，修菩薩行；由親近善知識，於念

這時，善財童子突然生起這樣的念頭：因為親近善知識，能勇猛地勤修得佛一切智的方法；因為親近善知識，能迅速出生種種如海的大願；因為親近善知識，能為一切眾生，在無盡的未來中，受無邊的苦；因為親近善知識，能披上大精進的甲冑，在一微塵的小地方說法，而聲音遍滿法界；因為親近善知識，能迅速遍往如大海般無邊的十方世界；**因為親近善知識，能在一毛端般的修行方法中，直到無盡的未來，修行菩薩行；因為親近善知識，能在念念之中修行菩薩行，究竟安住在佛一切智的境界中**，因為親近善知識，能證入三世一切如來的自

念中行菩薩行，究竟安住一切智地；由親近善知識，能入三世一切如來自在神力，諸莊嚴道；由親近善知識，能常遍入諸法界門；由親近善知識，常緣法界，未曾動出，而能遍往十方國土。

爾時，善財童子發是念已，即詣喜目觀察眾生夜神所。見彼夜神在於如來眾會道場，坐蓮華藏師子之座，入大勢力普喜幢解脫，於其身上一一毛孔，

在神力，及種種莊嚴的修行道；因為親近善知識，能時時遍入種種法界的門；因為親近善知識，時時與法界相緣，於此方不動，而能遍往十方佛土。

善財童子在興起了這念頭以後，便來到喜目觀察眾生夜神的住處。正好看到這位夜神在如來的法會道場中，坐在蓮華藏師子座上，證入大勢力普喜幢解脫禪定法門中。從他身上的每一個毛孔中，出現了如雲般無數種的變化身。隨著眾生不同的根

出無量種變化身雲。隨其所應，以妙言音，而為說法。普攝無量一切眾生，皆令歡喜而得利益。所謂出無量化身雲，充滿十方一切世界，說諸菩薩行檀波羅蜜，於一切事皆無戀著，於一切眾生普皆施與。其心平等，無有輕慢，內外悉施，難捨能捨。

又出等眾生界種種身雲，普詣一切眾生之前，隨其所應，以種種言辭而為說法；或說世間神通福力；或說三界皆是可

機，以微妙的語音為眾生說法。普遍地以慈悲心收取和護持無量的一切眾生，讓他們都能心生歡喜而獲得利益。

即所謂**出現無量的化身雲，充滿十方的所有世界**。演說菩薩們修行布施解脫法門，**對一切的事物都不會貪戀執著，對一切眾生都能普遍布施**。他的心意平等，不會輕忽怠慢眾生，身內身外的一切都能布施，最難捨的也能捨。

又出現與眾生種類相等的種種身雲，普遍來到一切眾生面前，隨順眾生的根機，以種種不同的言語為眾生說法；或者演說世間的神通福德力；或者演說三界都是令人可畏的，**讓眾生們不作世間的業**

怖，令其不作世間業行，離三界處，出見稠林；或為稱讚一切智道，令其超越二乘之地；或為演說不住生死、不住涅槃，令其不著有為、無為；或為演說住於天宮乃至道場，令其欣樂發菩提意。如是方便，教化眾生，皆令究竟得一切智。

又出一切世界微塵數身雲，普詣一切眾生之前，念念中，示普賢菩薩一切行願；念念中，示清淨大願充滿法界；念念中，示嚴淨一切世界海；

行，**遠離三界**，走出邪見的密林；或者為眾生稱讚佛一切智的大乘道，讓眾生們能超越聲聞、緣覺的境界，或者為眾生們演說不住於生死（有為）、也不住於涅槃（無為），讓眾生們不執著於有為法或無為法；或者為眾生們演說佛住在天宮，或者道場中說法，讓眾生們欣喜快樂，發起菩提心。以這些不同的方便法教化眾生，讓他們都能究竟獲得佛的一切智。

又出現無量無數的身雲，普遍來到眾生面前，在念念之中，示現普賢菩薩的一切行願；在念念之中，示現充滿法界的種種清淨大願；在念念之中，示現莊嚴清淨如大海般的一切世界；在念念之中，示現供養如大海般的一切如來；在念念之中，念念中，示供養一切如來海；念念中，示入一切法門海；念念中，示入一切世界海、微塵數世界海；念念中，示於一切剎盡未來劫清淨修行一切智道；念念中，示入如來力；念念中，示入一切三世方便海；念念中，示往一切剎現種種神通變化；念念中，示諸菩薩一切行願，令一切眾生住一切智。如是所作，恆無休息。

又出等一切眾生心數身雲，普詣一切眾生之前，說諸

示現證入如大海般的一切法門；在念念之中，示現遍入如大海般，無量無數的世界；在念念之中，示現在一切佛土，窮盡未來的時光，清淨地修行得佛一切智的法門；**在念念之中，示現證入如來的十種智力；在念念之中，示現以如大海般的無數方便法門，遍入一切三世的時空**；在念念之中，示現來到一切佛土，顯現種種的神通變化；在念念之中，示現菩薩們的一切行願，讓眾生們安住在佛的一切智中。這示現的一切作為，相續而永不停息。

又出現與一切眾生心念活動數量相等的身雲，普遍來到一切眾生面前，演說菩薩們修行積集得佛

菩薩集一切智助道之法無邊際力、求一切智不破壞力、無窮盡力、修無上行不退轉力、無間斷力、於生死法無染著力、能破一切諸魔眾力、遠離一切煩惱垢力、能破一切業障山力、住一切劫修大悲行無疲倦力、震動一切諸佛國土令一切眾生生歡喜力、能破一切諸外道力、普於世間轉法輪力。以如是等方便成熟，令諸眾生至一切智。

又出等一切眾生心數無量變化色身雲，普詣十方無量世

一切智的助道方法。**這些幫助圓成佛道的方法，就是以無邊無際的力量，求得修行佛一切智不被破壞的力量**；以無窮盡力，求得修無上佛道不會退轉的力量，以不間斷力，求得在生死中不受染、不執著的力量；能破壞一切魔眾的力量，遠離一切煩惱染垢的力量；能破壞如大山般的一切業障的力量，安住在一切劫時，修行大悲法門永不疲倦的力量；震動一切佛土，讓一切眾生生起歡喜心的力量；能破除一切外道的力量；普遍在世間轉法輪度化眾生的力量。以這種種的方便法成熟眾生，讓眾生們都能獲得佛的一切智。

又出現與眾生心念活動相等的無數變化的色身雲，普遍來到十方無數的世界，隨順眾生的心念，

界，隨眾生心，演說一切菩薩智行。所謂：說入一切眾生界海智，說入一切眾生心海智，說入一切眾生根海智，說入一切眾生行海智，說度一切眾生未曾失時智，說出一切法界音聲智，說念念遍一切法界海智，說念念知一切世界海壞智，說念念知一切世界海成住莊嚴差別智，說念念自在親近供養一切如來聽受法輪智。示現如是智波羅蜜，令諸眾生，皆大歡喜，調暢適悅，其心清淨，生

演說一切菩薩的智慧修行。即所謂演說菩薩遍入如大海般的無數眾生界的智慧；演說菩薩遍入如大海般的無數眾生心念的智慧；演說菩薩遍入如大海般的無數眾生諸根的智慧；演說菩薩遍入如大海般的無數眾生業行的智慧；演說菩薩度一切眾生，不曾不合時機的智慧；**演說菩薩出生一切法界語言的智慧；演說菩薩在念念之間能遍在如海般無數法界的智慧**；演說菩薩在念念之間能了知如大海般的一切世界，生成、住留、莊嚴等差別的智慧；演說菩薩在念念之間能自在地親近供養一切如來，聽受佛法的智慧。夜神示現如此的菩薩智慧解脫法門，讓眾生們都生起大歡喜心，心意調和舒暢喜悅。眾生們因而心念清淨，對佛法生起肯定的悟解，追求佛的

決定解，求一切智無有退轉。

爾時，善財童子得此解脫已，心生歡喜，合掌向喜目觀察眾生夜神，以偈讚曰：

無量無數劫，學佛甚深法；
隨其所應化，顯現妙色身。
了知諸眾生，沈迷嬰妄想；
種種身皆現，隨應悉調伏。
法身恒寂靜，清淨無二相；
為化眾生故，示現種種形。
於諸蘊界處，未曾有所著；
示行及色身，調伏一切眾。
不著內外法，已度生死海；

一切智，永不退轉。

當善財童子證得了這解脫法門之後，心中歡喜，於是合掌朝向喜目觀察眾生夜神，以偈讚頌：

無量無數劫以來，您學習甚深的佛法；
隨眾生教化的需要，示現妙好的色身。
了知眾生們沈迷世間，受妄想纏縛；
示現不同的身相，隨機調伏一切眾生。
法身恆為寂靜相，清淨而沒有第二種相；
是為了要教化眾生，才示現種種的形像。
對於五蘊、十八界、十二處，未曾有所染著；
示現種種作為與色身，調伏一切眾生。
不執著於內心與外在的現象，已度過生死海；

而現種種身，住於諸有界。
遠離諸分別，戲論所不動；
為著妄想者，弘宣十力法。
一心住三昧，無量劫不動，
毛孔出化雲，供養十方佛。
得佛方便力，念念無邊際，
示現種種身，普攝諸群生。
了知諸有海，種種業莊嚴，
為說無礙法，令其悉清淨。
色身妙無比，清淨如普賢；
隨諸眾生心，示現世間相。
見眾生顛倒，執常樂我淨，
愚癡闇所覆，妄想起煩惱。

而能示現種種身相，住身在三界中。
遠離種種分別的意識，不為不實的言論動搖；
為那些執著於妄想的人，宣揚佛的十力法門。
一心安住在禪定中，歷經無數劫也不動，
以毛孔中出現的化身雲，供養十方諸佛。
得到佛的方便力，念念中在無邊的世界，
示現種種身雲，普遍攝受眾生們。
了知三界諸有的一切，以種種業行莊嚴，
為眾生演說無礙的法門，讓他們都獲得清淨。
色身妙好無比，清淨有如普賢菩薩；
隨順眾生心中的希求，示現世間的身相。
見到眾生四顛倒見，妄執世間為常樂我淨，
被愚痴黑暗覆蓋，因妄想起煩惱。

行止見稠林，往來貪欲海，
集於諸惡趣，無量種種業。
一切諸趣中，隨業而受身，
生老死眾患，無量苦逼迫。
為彼眾生故，我發無上心，
願得如十方，一切十力尊。
緣佛及眾生，起於大願雲，
從是修功德，趣入方便道。
願雲悉彌覆，普入一切道，
具足波羅蜜，充滿於法界。
速入於諸地，三世方便海，
一念修諸佛，一切無礙行。
佛子我爾時，得入普賢道，
了知十法界，一切差別門。

在邪見的密林中徬徨，往來於貪欲的大海，
積集了種種轉生惡道的無量行業。
一切眾生在輪迴的六道中，隨業果而投生，
生老死種種過患，無量的苦逼迫著眾生。
為了要救度眾生，我發無上菩提心，
願能獲得如十方諸佛的十力。
因為佛與眾生的緣故，我興起如雲的大願，
從此修習功德，趣入方便度眾的佛道。
大願如雲遍覆世間，我遍入一切佛道，
具足救度眾生的法門，我遍入而充滿法界。
我迅速證入菩薩諸地，往來三世的方便法，
一念頃間修行諸佛一切都圓融無礙的法門。
佛子，我那時才得入普賢的行願法門，
了知十法界的一切差別門。

進入三昧之後
有什麼樣的不可思議境界

善財童子五十參卅五（卷七十）

爾時，善財童子恭敬合掌，

却住一面，以偈讚曰：

我善財得見，如是大神力，

其心生歡喜，說偈而讚歎。

我見尊妙身，眾相以莊嚴；

譬如空中星，一切悉嚴淨。

所放殊勝光，無量剎塵數，

種種微妙色，普照於十方。

一一毛孔放，眾生心數光；

一一光明端，皆出寶蓮華；

華中出化身，能滅眾生苦；

光中出妙香，普熏於眾生；

復雨種種華，供養一切佛。

此時，善財童子恭敬地合掌，站在一旁，以偈

讚頌道：

我善財能看到這樣的大神通力，

心中生起歡喜，於是以偈來讚歎。

我見到尊者的微妙身，以種種好相莊嚴；

就好像空中的星辰，一切都莊嚴清淨。

尊者放出的殊勝光明，不可計量，

種種微妙的光色，普照在十方世界。

每個毛孔都放出與眾生心識活動同數的光明；

每道光明的末端，都出現寶蓮花；

蓮花中出現的化身，能除滅眾生的苦；

光明中出生妙香，普遍熏及眾生；

又降下種種的寶花，用來供養一切佛。

兩眉放妙光，量與須彌等；
普觸諸含識，令滅愚癡闇。
口放清淨光，譬如無量日；
普照於廣大，毘盧舍那境。
眼放清淨光，譬如無量月；
普照十方剎，悉滅世癡翳。
現化種種身，相狀等眾生，
充滿十方界，度脫三有海。
妙身遍十方，普現眾生前；
滅除水火賊，王等一切怖。

眉間放出微妙光明，數量與須彌山微塵數相同；
光明普遍觸及含有心識之有情眾生，滅除眾生的愚痴黑暗。
口中放出的清淨光明，有如無數太陽的光明；
光明遍照廣大的毗盧遮那境界。
眼中放出的清淨光明，有如無數月亮的光明；
光明遍照十方佛土，將世間的愚痴暗障全數滅除。
示現的種種化身，相狀與眾生相同，
遍滿十方世界，度眾生脫離三界大海。
妙好的身相遍滿十方，普遍示現在眾生面前；
滅除眾生對水火、盜賊、王法等一切的怖畏。

我承喜目教，今得詣尊所，
見尊眉間相，放大清淨光，
普照十方海，悉滅一切闇，
顯現神通力，而來入我身。
我遇圓滿光，心生大歡喜，
得總持三昧，普見十方佛。
我於所經處，悉見諸微塵；
一一微塵中，各見塵數剎。
或有無量剎，一切咸濁穢，
眾生受諸苦，常悲歎號泣，
或有染淨剎，少樂多憂苦，
示現三乘像，往彼而救度。

我承喜目夜神的教導，現在能來到尊者面前，
看到尊者從眉間放出廣大的清淨光明，
遍照十方如海，全數滅除世間一切的黑暗，
示現的神通力，又返照我身上。
我受到這圓滿光明照耀，心中生起大歡喜，
獲得總持一切的禪定力，能遍見十方諸佛。
在我所行經的地方，能完全觀見到所有的微塵；
在每個微塵中，又觀見到無量的佛土。
有些無數的佛土世界，都是污濁垢穢所成，
眾生在這些世界裡受種種苦，時常悲嘆號泣，
有些是染垢而部份清淨，眾生則少樂而多憂苦，
尊者便示現三乘身，前往那裡救度眾生。

或有淨染剎，眾生所樂見，
菩薩常充滿，住持諸佛法。

一一微塵中，無量淨剎海，
毘盧遮那佛，往劫所嚴淨。
佛於一切剎，悉坐菩提樹，
成道轉法輪，度脫諸群生。
我見普救天，於彼無量剎，
一切諸佛所，普皆往供養。

爾時，善財童子說此頌已，白普救眾生妙德夜神言：「天神，今此解脫甚深希有。其名何等？得此解脫，其已久如？

有些是清淨而部份受染，是眾生們所樂見的，
菩薩常充滿這些世界，安住於世而保持種種佛法。

每個微塵中示現的無量清淨佛土，
都是毗盧遮那佛在過去世所莊嚴清淨的。
佛在這一切佛土世界中，都坐在菩提樹下，
成就佛道轉法輪，度脫不同種類的眾生。
我看到普救眾生妙德夜神在這無數佛土，
一切諸佛的道場中，普遍供養諸佛。

當善財童子說完這些偈頌以後，便問普救眾生妙德夜神：「天神，這解脫法門真是甚深而稀有啊！它的名稱是什麼？您獲得這解脫法門，已經有多久了？要修什麼行門才得如此清淨？」

修何等行，而得清淨？」

夜神言：「善男子，是處難知，諸天及人，一切二乘所不能測。何以故？此是住普賢菩薩行者境界故；住大悲藏者境界故；救護一切眾生者境界故；能淨一切三惡八難者境界故；能於一切佛剎中，紹隆佛種不斷者境界故；能住持一切佛法者境界故；能於一切劫修菩薩行成滿大願海者境界故；能於一切法界海，以清淨智光滅無明闇障者境界故；能以一

夜神回答：「善男子，這真是難以了知啊！**諸天、人，以及所有二乘修行者都無法測知**。為什麼呢？因為**這是住於普賢菩薩行願的修行者的境界；住於大悲藏者的境界；能救護一切眾生者的境界；**能清除學道的三惡（心狠、量小、不求師）及八難（在地獄、餓鬼、畜生道，在長壽天、在勝處，盲聾暗啞、世智辯聰，生在佛前佛後。此八者難以見佛。）者的境界；能在所有佛土中，續法而使益盛之佛法種子而不斷者的境界；能住持一切佛法者的境界；能在一切的時劫修菩薩行，並成就圓滿如海大願者的境界；能在如海的一切法界中，以清淨的智慧光明滅除無明、黑暗阻障者的境界；**能以一念**

念智慧光明，普照一切三世方便海者境界故。

時轉輪王女普智焰妙德眼，即解身上諸莊嚴具，持以散佛。時莊嚴具於虛空中，變成寶蓋、寶網垂下，龍王執持一切宮殿，於中間列。十種寶蓋周匝圍遶，形如樓閣，內外清淨，諸瓔珞雲及諸寶樹、香海摩尼，以為莊嚴。於此蓋中，有菩提樹，枝葉榮茂，普覆法界，念念示現無量莊嚴。毘盧遮那如來坐此樹下，有不可說

間的智慧光明，遍照如海般一切三世方便法者的境界。

此時轉輪王的女兒普智焰妙德眼，隨即解下身上種種莊嚴飾品，散在佛陀身上。這時這些裝嚴飾品在天空中，都變成寶蓋、寶網，從空中垂下，更有龍王執持所有宮殿，在這些寶蓋、寶網中間。十種寶蓋圍繞在四周，狀如樓閣，內外都十分清淨，種種瓔珞如雲，以及種種寶樹、香海寶珠莊嚴這些寶蓋。寶蓋中有菩提樹，枝葉茂盛，遍覆整個法界，念念之間示現無量的莊嚴。毗盧遮那如來就坐在這菩提樹下，還有無量無數的菩薩圍繞在四周，**這些菩薩都是從普賢行願中出生，安住在菩薩無差別住之中。**同時又看到了所有的世間國王圍繞；又看

佛剎微塵數菩薩前後圍遶，皆從普賢行願出生，住諸菩薩無差別住。亦見有一切諸世間主；亦見如來自在神力。又見一切諸劫次第，世界成壞；又亦見彼一切世界，一切諸佛出興次第；又亦見彼一切世界，一一皆有普賢菩薩供養於佛，調伏眾生。又亦見彼一切菩薩莫不皆在普賢身中；亦見自身在其身內；亦見其身在一切如來前，一切普賢前，一切菩薩前，一切眾生前。

到了如來的自在神通力。又看到了所有時劫層層分明，現出世界的成住壞空；又看到了這所有世界，所有諸佛的出興次第；又看到了這一切世界，每個世界都有普賢菩薩在供養諸佛，教化調伏眾生。又看到了這一切的菩薩，無不在普賢的身中；同時也看到了自己的身體在普賢的身體內；也看到了自己身體就在所有如來面前，所有的普賢菩薩面前，所有的菩薩面前，所有的眾生面前。

又亦見彼一切世界，一一各有佛剎微塵數世界。種種際畔，種種任持，種種形狀，種種體性，種種安布，種種莊嚴，種種清淨。種種莊嚴雲，而覆其上。種種劫名，種種佛興，種種三世，種種方處，種種住法界，種種入法界，種種住虛空，種種如來菩提場，種種如來神通力，種種如來師子座，種種如來大眾海，種種如來眾差別，種種如來巧方便，種種如來轉法輪，種種如來妙音聲，

又看到了這所有世界，每個世界又有無量無數的世界。這些世界有種種不同的邊界，種種不同的攝持，種種不同的形狀，種種不同的體性，種種不同的安排佈置，種種不同的莊嚴，種種不同的清淨。還有種種不同的莊嚴雲，覆蓋在上空。同時還示現了這些世界種種不同的劫名，種種不同的諸佛出興，種種不同的三世現象，種種不同的方位，安住在種種不同的法界，入種種不同的法界，安住在種種不同的虛空，種種不同的如來菩提道場，種種不同的如來神通力，種種不同的如來師子座，種種不同的如來大眾法會如海，種種不同的如來大眾，種種不同的如來善巧方便，如來轉種種不同的法輪，種種不同的如來妙好聲音，種種不同的如來如

種種如來言說海，種種如來契經雲。既見是已，其心清淨，生大歡喜。普智寶焰妙德幢王如來為說修多羅，名一切如來轉法輪，十佛剎微塵數修多羅而為眷屬。

時彼女人聞此經已，則得成就十千三昧門。其心柔軟，無有麤彊。如初受胎，如始誕生，如娑羅樹初始生芽。彼三昧心亦復如是，所謂現見一切佛三昧，普照一切剎三昧，入一切三世門三昧，說一切佛法

海的語言，種種不同的佛經如雲。王女看到這些現象以後，心中十分清淨，生起大歡喜心。普智寶焰妙德幢王如來便為她講解佛經，這經名叫一切如來轉法輪，還附帶為她講解了無量無數的佛經。

當這位王女聽完這些佛經義理以後，立即成就一萬種禪定法門。她的心意柔軟，沒有一絲的粗陋牽強。就好像剛受胎的生命，好像剛出生的胎兒，好像娑羅樹剛長出的新芽。王女所證得的禪定心也是一樣的。**這些禪定法門就是所謂的現法中證得一切佛三昧，普照一切剎三昧，入一切三世門三昧，**說一切佛法輪三昧，知一切佛願海三昧，開悟一切

輪三昧，知一切佛願海三昧，開悟一切眾生令出生死苦三昧，常願破一切眾生闇三昧，常願滅一切眾生苦三昧，常願生一切眾生樂三昧，教化一切眾生不生疲厭三昧，一切菩薩無障礙幢三昧，普詣一切清淨佛剎三昧。

得如是等十千三昧已，復得妙定心，不動心，歡喜心，安慰心，廣大心，順善知識心，緣甚深一切智心，住廣大方便海心，捨離一切執著心，不住

眾生令出生死苦三昧，常願破一切眾生闇三昧，常願滅一切眾生苦三昧，常願生一切眾生樂三昧，教化一切眾生不生疲厭三昧，一切菩薩無障礙幢三昧，普詣一切清淨佛剎三昧。

在證得像這樣的一萬種禪定法門以後，又獲得了妙定心，不動心，歡喜心，安慰心，廣大心，隨順善知識心，緣甚深一切智心，住廣大方便海心，捨離一切執著心，不住一切世間境界心，入如來境界心，普照一切色海心。無惱害心，無高倨心，無

一切世間境界心，入如來境界心，普照一切色海心。無惱害心，無高倨心，無疲倦心，無退轉心，無懈怠心。思惟諸法自性心，安住一切法門海心，觀察一切法門海心，了知一切眾生海心，救護一切眾生海心，普照一切世界海心，普生一切佛願海心，悉破一切障山心，積集福德助道心，現見諸佛十力心，普照菩薩境界心，增長菩薩助道心，遍緣一切方海心。

一心思惟普賢大願，發一

疲倦心，無退轉心，無懈怠心。思惟諸法自性心，安住一切法門海心，觀察一切法門海心，了知一切眾生海心，救護一切眾生海心，普照一切世界海心，普生一切佛願海心，悉破一切障山心，積集福德圓成佛道的心，現見諸佛十力心，普照菩薩境界心，增長菩薩圓成佛道的心，遍緣一切方海心。

王女一心思惟普賢的大願，發起所有如來無量切如來十佛剎微塵數願海。願嚴淨一切佛國，願調伏一切眾生，願遍知一切法界；願普入一切法界海；願於一切佛剎盡未來際劫修菩薩行；願盡未來際劫不捨一切菩薩行；願得親近一切如來，願得承事一切善友；願得供養一切諸佛；願於念念中，修菩薩行，增一切智，無有間斷。發如是等十佛剎微塵數願海，成就普賢所有大願。

無數、如大海般的大願。這些大願就是願莊嚴清淨所有佛國；願教化調伏一切眾生；願能遍知所有法界的一切現象與本體；願遍入一切如海的法界；願在一切佛土世界，窮盡未來時劫，修習菩薩行；願窮盡未來時劫，不捨棄任何的菩薩修行；願能親近所有的如來；願能承事所有的善友；願能供養一切諸佛；願在念念之間修習菩薩行，增長佛的一切智，永遠不會在念念之間有所間斷。王女發下了像這樣的無量無數如海的大願，目的就是在成就普賢的所有大願。

有清淨智慧眼
是否就能看見
佛的神通力
善財童子五十參卅六～卅七
（卷七十一）

發是心已，復為說法，令其漸至一切智地。所謂：

若見眾生樂著所住宮殿、屋宅，我為說法，令其了達諸法自性，離諸執著。

若見眾生戀著父母、兄弟、姊妹，我為說法，令其得預諸佛菩薩清淨眾會。

若見眾生戀著妻子，我為說法，令其捨離生死愛染，起大悲心，於一切眾生平等無二。

若見眾生住於王宮，采女侍奉，我為說法，令其得與眾

發起這些心以後，再為眾生們說法，讓他們逐漸到達**佛一切智的境地**。即所謂：

如果看到眾生們因為喜歡而執著於所住的宮殿住宅，我便為他們說法，**讓他們知道一切事物都沒有自性，而遠離各種執著。**

如果看到眾生們愛戀執著於父母兄弟姊妹的親情，我便為他們說法，讓他們有機會親近諸佛、菩薩等佛門的清淨大眾。

如果看到眾生們愛戀執著於妻兒，我便為他們說法，讓他們捨離生死、愛戀的染著，生起大悲心，對一切眾生都能平等看待。

如果看到眾生們住在王宮裡，享受宮女的侍奉，我便為他們說法，讓他們能與佛門證果的聖

聖集會，入如來教。

若見眾生染著境界，我為說法，令其得入如來境界。

爾時，善財童子一心觀察寂靜音海主夜神身，而說頌言：

我因善友教，來詣天神所；
見神處寶座，身量無有邊。
非是著色相，計有於諸法，
劣智淺識人，能知尊境界。
世間天及人，無量劫觀察，
亦不能測度，色相無邊故。
遠離於五蘊，亦不住於處，

人、僧眾同聚，一同入如來的教門。

如果看到眾生們受染而執著於各種境界，我便為他們說法，讓他們能進入如來的境界。

此時，善財童子專心一意地觀察寂靜音海主夜神，然後以偈頌道：

我因為善友的指點，來到天神面前；
見到天神坐在寶座上，**體量無邊無際。**
這不是執著於色相，不是認定一切現象為實有，
這樣智識淺薄的人，所能了知的尊者境界。
世間的諸天及人眾，既使以無量時劫觀察，
也無法測度，因為天神的色相無邊無際。
天神已遠離五蘊，也不住於十二處，

永斷世間疑，顯現自在力。
不取內外法，無動無所礙，
清淨智慧眼，見佛神通力。
身為正法藏，心是無礙智，
既得智光照，復照諸群生。
心集無邊業，莊嚴諸世間，
了世皆是心，現身等眾生。
知世悉如夢，一切佛如影，
諸法皆如響，令眾無所著。
為三世眾生，念念示現身，
而心無所住，十方遍說法。
無邊諸剎海，佛海眾生海，
悉在一塵中，此尊解脫力。

永斷對世間的種種疑惑，顯現自在的神通力。
不執取於內外的一切現象，不動也無所阻礙，
以清淨的智慧眼，明見佛的神通力。
身是正法的寶藏，心具無礙的智慧，
既已證得智慧光明，再以光明返照眾生們。
內心積集了無邊的善業，用以莊嚴種種世間，
了知世間都是心所變現，示現等眾生數的身相。
了知世間都如夢，一切佛都如光影，
一切現象都如回音，讓眾生無所執著。
為度三世眾生，而在念念之中示現身相，
但心中無所執著，遍在十方世界說法。
無邊的佛土世界，如海的無量佛與眾生，
都示現在一微塵中，這便是尊者的解脫力。

善男子，我以如是淨法光明，饒益一切眾生，集善根助道法時，作十種觀察法界。何者為十？所謂：

我知法界無量，獲得廣大智光明故；

我知法界無邊，見一切佛所知見故；

我知法界無限，普入一切諸佛國土，恭敬供養諸如來故；

我知法界無畔，普於一切法界海中，示現修行菩薩行故；

我知法界無斷，入於如來

善男子，我以這些清淨法的光明，饒益一切眾生，積集一切善根與幫助圓成佛道的方法時，同時以十種方法觀察法界。是哪十種方法呢？即所謂：

一、我知道法界無量，因為我已獲得了廣大的智慧光明；

二、我知道法界無邊，因為我見到了佛的一切知見；

三、我知道法界無限，因為我已遍入一切佛土世界，恭敬地供養如來們；

四、我知道**法界沒有邊際**，因為我已普遍在如海的一切法界中，示現修行菩薩願行；

五、我知道法界沒有斷絕處，因為我已入於如不斷智故；

我知法界一性，如來一音，一切眾生無不了故；

我知法界性淨，了如來願普度一切諸眾生故；

我知法界遍眾生，普賢妙行悉周遍故；

我知法界一莊嚴，普賢妙行善莊嚴故；

我知法界不可壞，一切智善根充滿法界不可壞故。

善男子，我作此十種觀察法界，集諸善根辨助道法，了

來不斷的智慧；

六、我知道**法界只有一種本性，如來只有一音**，因為一切眾生無不明了；

七、我知道法界本性清淨，因為我了知如來願普度一切眾生；

八、我知道法界遍在眾生處，因為普賢的妙行周遍一切；

九、我知道法界具同一莊嚴，因為普賢的妙行已善加莊嚴法界；

十、我知道**法界不可被破壞，因為佛一切智的善根充滿法界**，不可被破壞。

善男子，我以這十種方法觀察法界，積集種種善根，行幫助圓成佛道的方法，能了知諸佛的廣大

知諸佛廣大威德，深入如來難思境界。

又善男子，我如是正念思惟，得如來十種大威德陀羅尼輪。何者為十？所謂：

普入一切法陀羅尼輪；

普持一切法陀羅尼輪；

普說一切法陀羅尼輪；

普念十方一切佛陀羅尼輪；

普說一切佛名號陀羅尼輪；

普入三世諸佛願海陀羅尼

威德，並深入如來難以思維（思維不可得）的境界。

再者，善男子，當我以正念如此思惟時，我又獲得了如來的十種大威德總持法輪。是哪**十種總持法輪**？即所謂：

一、遍入宇宙一切現象的總持法輪；

二、遍持宇宙一切現象的總持法輪；

三、遍說宇宙一切現象的總持法輪；

四、**普遍憶念十方一切現象的總持法輪**；

五、遍說佛的一切名號的總持法輪；

六、遍入三世諸佛如海大願的總持法輪；

輪；

普入一切諸乘海陀羅尼輪；

普入一切眾生業海陀羅尼輪；

疾轉一切業陀羅尼輪；

疾生一切智陀羅尼輪。

善男子，此十陀羅尼輪，以十千陀羅尼輪而為眷屬，恆為眾生演說妙法。

善男子，我唯知此甚深自在妙音解脫。令諸世間離戲論語，不作二語，常真實語，恆

七、遍入一切佛乘如海的總持法輪；

八、遍入一切眾生業行如海的總持法輪；

九、迅速迴轉一切業的總持法輪；

十、**迅速生起佛一切智的總持法輪**。

善男子，這十種總持法輪，還有附帶有一萬種總持法輪，恆常為眾生們演說妙好的佛法。

善男子，我只知道這甚深自在妙音解脫法門。我能令世間的眾生們遠離種種非正道的言論，不作誹謗的言語，恆常說真實的言語，說清淨的言語。

清淨語。如諸菩薩摩訶薩，能知一切語言自性，於念念中自在開悟一切眾生，入一切眾生言音海，於一切言辭悉皆辨了，明見一切諸法門海。於普攝一切法陀羅尼已得自在，隨諸眾生心之所疑而為說法，究竟調伏一切眾生。能普攝受一切眾生，巧修菩薩諸無上業，深入菩薩諸微細智。能善觀察諸菩薩藏，能自在說諸菩薩法。何以故？已得成就一切法輪陀羅尼故。而我云何能知能說彼功德行？

但是若是**像大菩薩們，能了知所有語言的本性，在念念之中自在開悟一切眾生**，進入眾生如海般一切不同的語言，對所有語言辭意都能了知與運用，明徹地見到如海的所有法門。已經能夠自在地普遍攝受總持一切佛法，而隨順眾生心中的疑惑，為眾生說法，達到究竟調伏一切眾生。能夠普遍以慈悲心收取和護持一切眾生，善巧修習菩薩的種種殊勝業行，深入菩薩種種微細的智慧。善於觀察菩薩的種種寶藏，能自在地演說種種的菩薩法。為什麼呢？因為大菩薩們已獲得成就總持一切法輪。像這樣的功德成就，我又如何能知能說？

善男子，此佛會中有主夜神，名開敷一切樹華。汝詣彼問，菩薩云何學一切智？云何安立一切眾生住一切智？

爾時，守護一切城主夜神，欲重宣此解脫義，為善財童子而說頌言：

菩薩解脫深難見，
虛空如如平等相；
普見無邊法界內，
一切三世諸如來。
出生無量勝功德，
證入難思真法性，

善男子，在佛的這次法會中，有一位主夜神，名叫開敷一切樹華。你去問他，菩薩要如何學習佛的一切智？要如何才能讓眾生安住在佛的一切智當中？

此時，守護一切城主夜神為了要再次說明這些義理，便為善財童子以偈頌道：

菩薩的解脫境界極深而難以見到，
猶如虛空本來不動的平等相；
能普見無邊宇宙內，
過去、現在、未來的所有如來。
出生無量殊勝的功德，
證入非思惟所能得的法性（本體自性），

增長一切自在智，
開通三世解脫道。
過於剎轉微塵劫，
爾時有劫名淨光，
世界名為法焰雲，
其城號曰寶華光。
其中諸佛興於世，
量與須彌塵數等，
有佛名為法海音，
於此劫中先出現。
乃至其中最後佛，
名為法界焰燈王；
如是一切諸如來，

增長一切自在的智慧，
開啟三世的解脫法。
越過無量劫以前，
當時有個時劫名叫淨光，
劫中有個世界名叫法焰雲，
那世界裡有個王城名叫寶華光。
就在城中有許多佛出現於世，
數量與須彌山微塵數相等，
其中有位佛名叫法海音，
就是此劫中最早出現的佛。
直到最後一位出世的佛，
名叫法界焰燈王；
像這些所有的如來，

我皆供養聽受法。
我見法海雷音佛，
其身普作真金色，
諸相莊嚴如寶山，
發心願得成如來。
我暫見彼如來身，
即發菩提廣大心，
誓願勤求一切智，
性與法界虛空等。
由斯普見三世佛，
及以一切菩薩眾；
亦見國土眾生海，
而普攀緣起大悲。

我都供養，並且聽法受持。
我看見法海雷音佛，
全身都呈現真金色，
種種身相有如寶山般莊嚴，
於是我發心也願成就為如來。
我只是短暫地看到如來的身相，
就立刻發起求菩提的廣大心願，
誓願勤求佛的一切智，
這自性本體與法界虛空等量、等質。
因此能普遍見到三世諸佛，以及所有的菩薩眾；
同時也見到如海般的佛土與眾生，
於是我遍緣這些佛土與眾生，生起大悲心。

隨諸眾生心所樂，
示現種種無量身，
普遍十方諸國土，
動地舒光悟含識。

見第二佛而親近，
亦見十方剎海佛，
乃至最後佛出興，
如是須彌塵數等。
於諸剎轉微塵劫，
所有如來照世燈，
我皆親近而瞻奉，
令此解脫得清淨。

隨順眾生心中的希求，
示現種種不同的無量身相，
遍在十方的所有佛土，
震動大地、舒放光明，開悟含有心識之有情眾生。

接著見到第二位出世佛，並親近供養他，
陸續又見到了十方佛土無量諸佛，
直到最後一位出世的佛，
像這樣數量與須彌山微塵數相等的佛。
在這十方佛土世界，無量劫裡，
所有照世明燈的如來，
我都親近而恭敬供養，
讓我這解脫法門得以清淨。

為何菩薩他心通及宿命通的智慧不會有任何誤差

一念之間了知清晰

善財童子五十參卅八（卷七十二）

善男子，世尊往昔為菩薩時，見一切眾生，著我、我所，住無明闇室，入諸見稠林。為貪愛所縛，忿怒所壞，愚癡所亂，慳嫉所纏。生死輪迴，貧窮困苦，不得值遇諸佛菩薩。見如是已，起大悲心，利益眾生。所謂起願得一切妙寶資具，攝眾生心；願一切眾生皆悉具足資生之物，無所乏之心；於一切眾事，離執著心；於一切境界，無貪染心；於一切所有，無慳吝心；於一切果報，無

善男子，世尊在過去還身為菩薩時，看見眾生執著於自我及我所有，住在如暗室的無明中，進入如密林般的邪見裡。被貪愛繫縛。被忿怒破壞，被愚痴擾亂，被吝嗇嫉妒纏縛。在生死中輪迴，身受貧窮和困苦，沒有機會遇上佛和菩薩。世尊看到這般情形，生起了大悲心，要利益眾生。即所謂作願願得一切妙好珍寶資助之物，以慈悲心收取和護持眾生的心；願一切眾生都能滿足賴以為生所需，沒有任何匱乏的感覺；對任何事物，都能遠離執著的心，對任何境界，都沒有貪愛染著的心；對自己所擁有的一切，毫無吝惜的心；對任何的果報，都不存期待的心；對一切光榮美好的事物，都不存在羨慕的心；對一切因緣的事物，都不起迷惑心。

希望心；於一切榮好，無羨慕心；於一切因緣，無迷惑心。

起觀察真實法性心；起救護一切眾生心；起深入一切法漩澓心；起於一切眾生，住平等大慈心；起於一切眾生，行方便大悲心；起為大法蓋，普覆眾生心；起以大智金剛杵，破一切眾生煩惱障山心；起令一切眾生增長喜樂心；起願一切眾生究竟安樂心；起隨眾生所欲雨一切財寶心；起以平等方便成熟一切眾生心；起令一

生起觀察一切現象真實本性心；生起救護一切眾生心；生起深入一切正法反覆體會心；生起對一切眾生以平等大慈對待心；生起對一切眾生以方便大悲對待的心；生起以己身為佛法的大傘蓋，普遍遮護眾生的心；生起以大智慧如金剛杵般，擊破一切眾生煩惱如山的心；生起令一切眾生增長喜樂的心；生起願一切眾生究竟安樂的心；生起隨順眾生心中的希求，降下一切財寶的心；生起以平等方便法，成熟一切眾生的心；生起令一切眾生滿足七種聖法（信、戒、慚、愧、聞、施、慧）的心；生起願一切眾生究竟獲得十力智慧及果位之心。

切眾生滿足聖財心；起願一切眾生究竟皆得十力智果心。

菩薩如是念念成熟一切眾生，念念嚴淨一切佛剎，念念普入一切法界，念念悉皆遍虛空界，念念普入一切三世，念念成就調伏一切諸眾生智，念念恆轉一切法輪，念念恆以一切智道利益眾生，念念普於一切世界，種種差別諸眾生前，盡未來劫，現一切佛成等正覺，念念普於一切世界，一切諸劫，修菩薩行，不生二想。

菩薩以這樣的方法在念念之中成熟一切眾生，在念念之中莊嚴清淨一切佛土，在念念之中遍入一切法界，在念念之中遍滿所有虛空界；在念念之中遍入一切三世，在念念之中成就調伏一切眾生的智慧，在念念之中時時轉動一切法輪，在念念之中永遠以佛一切智的方法利益眾生，在念念之中遍在一切世界、種種不同的眾生面前，窮盡未來時劫，示現一切佛成就正等正覺，**在念念之中遍在一切世界，一切時劫，修習菩薩行，而沒有第二種心想。**

所謂普入一切廣大世界海，一切世界種中，種種際畔諸世界，種種莊嚴諸世界，種種體性諸世界，種種形狀諸世界，種種分布諸世界。或有世界穢而兼淨，或有世界淨而兼穢，或有世界一向雜穢，或有世界一向清淨，或小或大，或麁或細，或正或側，或覆或仰。如是一切諸世界中，念念修行諸菩薩行，入菩薩位，現菩薩力，亦現三世一切佛身，隨眾生心，普使知見。

即所謂遍入一切廣大的世界海，及一切不同種類的世界中，**種種不同邊際的世界，種種不同莊嚴的世界，種種不同本體的世界，種種不同形狀的世界，種種不同處所的世界。**這些世界中有些是雜穢而兼有些許清淨；有些世界是清淨而兼有些雜穢；有些世界是全然雜穢；有些世界是全然清淨。這些世界還有種種的差別，或小世界或大世界，或粗世界或細世界，或在以平正形式存在的世界或以傾斜的形式世界，或覆世界或仰世界。我在這一切不同的世界中，在念念之中修行種種的菩薩行，證入不同的菩薩果位，示現菩薩的神通力，也示現為三世一切不同的佛身，**隨順眾生的心念，讓他們都能知道、見到。**

善財童子言：「聖者發阿耨多羅三藐三菩提心，其已久如？」

夜神言：「善男子，此處難信、難知、難解、難入、難說，一切世間及以二乘皆不能知。唯除諸佛神力所護，善友所攝；集勝功德，欲樂清淨。無下劣心，無雜染心；無諂曲心，得普照耀智光明心；發普饒益諸眾生心；一切煩惱及以眾魔無能壞心；起必成就一切智心；不樂一切生死樂心。能

善財童子又問：「聖者，您發心追求無上正等正覺，已經有多久了？」

夜神回答：「善男子，這事真是難以令人相信、難以了知、難以了解、難以悟入、難以說明。**一切世間的凡夫以及二乘眾都不能了知，除非是諸佛的神威力所護持，善友所攝受；積集了殊勝的功德，心念清淨**。沒有低下卑劣的心，沒有雜染的心，沒有諂曲的心；獲得了普遍照耀的智慧光明心；發起普遍饒益眾生的心；所有煩惱與種種魔道都不能破壞的心；發起必定要成就佛一切智的心；不樂在生死世界之樂的心。能追求一切諸佛所有的妙樂；能滅除一切眾生苦惱；能修如海的一切佛的功德；

求一切諸佛妙樂；能滅一切眾生苦惱；能修一切佛功德海；能觀一切諸法實性；能具一切清淨信解；能超一切生死暴流；能入一切如來智海；能決定到無上法城；能勇猛入如來境界；能速疾趣諸佛地位；能即成就一切智力；能於十力已得究竟。如是之人，於此能持、能入、能了。何以故？此是如來智慧境界，一切菩薩尚不能知，況餘眾生！然我今者，以佛威力，欲令調順可化眾生意

能觀察宇宙一切現象本體實性；能具足一切清淨的信解；能超越一切生死的瀑流；能深入如來所有的智慧大海；能必定到達佛的無上法城；能勇猛地進入如來的境界；能迅速趣向諸佛的境地；能立即成就佛一切智的神威力；能究竟獲得佛的十力。像這樣的人，對這事才能持守、才能深入、才能了知。

為什麼呢？因為這是如來所具智慧的境界，一切菩薩尚且不能了知，何況是其他的眾生！但是我今天藉著佛的神威力，為了要讓調順可以教化的眾生，心意得以迅速清淨；要讓修習善根的眾生，獲得自在的心。所以回應你的問題，為你說明。」

速清淨，欲令修習善根眾生心得自在。隨汝所問，為汝宣說。」

爾時，開敷一切樹華主夜神，為善財童子，欲重宣此解脫義，而說頌言：

我有廣大眼，普見於十方，
一切剎海中，五趣輪迴者。
亦見彼諸佛，菩提樹下坐，
神通遍十方，說法度眾生。
我有清淨耳，普聞一切聲，
亦聞佛說法，歡喜而信受。
我有他心智，無二無所礙；

此時，開敷一切樹華主夜神為了讓善財童子了解，想再次說明這解脫法門的義理，便以偈頌道：

我具有廣大的眼根，能普遍見到十方世界，
一切佛土中，在五道輪迴的眾生。
也能看到佛土世界的諸佛，坐在菩提樹下悟道，
以神通力遍至十方，說法救度眾生。
我具有清淨的耳根，能聽到所有的聲音，
也能聽到佛說法，聽後歡喜而相信並接受。
我具有他心通的智慧，不會有任何誤差或阻礙，

能於一念中，悉了諸心海。
我得宿命智，能知一切劫，
自身及他人，分別悉明了。
我於一念知，剎海微塵劫，
諸佛及菩薩，五道眾生類。
憶知彼諸佛，始發菩提願，
乃至修諸行，一一悉圓滿。
亦知彼諸佛，成就菩提道，
以種種方便，為眾轉法輪。
亦知彼諸佛，所有諸乘海，
正法住久近，眾生度多少。
我於無量劫，修習此法門；
我今為汝說，佛子汝應學。

能在一念之中，遍知眾生如海的心念。
我獲得宿命通的智慧，能了知一切時劫中，
自己以及別人的一切，這一切都清晰明白。
我在一念之間，能了知無量無數劫，
諸佛、菩薩，以及五道中所有的眾生類。
憶念而知諸佛們初發菩提願，
直到圓滿具足修習一切修行。
也知道諸佛們所成就的菩提道，
以種種的方便法門，為眾生們轉法輪。
也知道諸佛們救度眾生如海的方法，
正法住世的時間，救度多少的眾生。
我在無量的時劫中，修習這法門；
如今我為你說明，佛子，你要好好學習。

一一佛現無量神通力
為何可以開發眾生宿命通

善財童子五十參卅九（卷七十三）

現了法如幻淨智身，現遠離塵暗法性身，現普智照法明了身，現究竟無患無熱身，現不可沮壞堅固身，現無所住佛力身，現無分別離染身，現本清淨法性身。

時善財童子見如是等佛剎微塵數差別身，一心頂禮，舉體投地，良久乃起，合掌瞻仰，於善知識生十種心。何等為十？所謂：

於善知識生同己心，令我

示現出了知一切現象如幻化的清淨智慧身相，**示現出遠離六塵障蔽產生無明闇的法性身**，示現出以遍在的智慧照見一切現象而能明白了知的身相，示現出徹底遠離一切苦患、熱惱的身相。示現出如金剛般不能破壞的堅固身相，示現出無所依住的佛力身相，**示現出無所分別遠離染垢的身相，示現出本來清淨無染的法性身。**

當善財童子看到夜神這些無量無數的不同身相時，一心向夜神頂禮，五體投地，過了許久才起身。於是合掌瞻仰夜神，在夜神這位善知識面前生起了十種心，是哪十種心？即所謂：

在善知識面前生起**相同的心**，因為善知識讓我精勤辦一切智助道法故。

於善知識生清淨自業果心，親近供養生善根故。

於善知識生莊嚴菩薩行心，令我速能莊嚴一切菩薩行故。

於善知識生成就一切佛法心，誘誨於我令修道故。

於善知識生能生心，能生於我無上法故。

於善知識生出離心，令我修行普賢菩薩所有行願，而出

精勤修行成就佛一切智的所有幫助圓成佛道的方法。

在善知識面前生起**清淨自己業果的心**，因為親近供養善知識能生長善根。

在善知識面前生起**莊嚴菩薩修行的心**，因為善知識能讓我迅速莊嚴一切菩薩修行。

在善知識面前生起**成就一切佛法的心**，因為善知識能誘導教誨我，讓我修習佛道。

在善知識面前生起能生的心，因為善知識能使我生出無上佛法。

在善知識面前生起出離世間的心，因為善知識能讓我修行普賢的所有行願，而出離世間。

離故。

於善知識生具一切福智海心，令我積集諸白法故。

於善知識生增長心，令我增長一切智故。

於善知識生具一切善根心，令我志願得圓滿故。

於善知識生能成辦大利益心，令我自在安住一切菩薩法故，成一切智道故，得一切佛法故。是為十。

善男子，如汝所問，從幾時來，發菩提心，修菩薩行？

在善知識面前生起**具足如海的所有福德智慧的心**，因為善知識讓我積集種種善法。

在善知識面前生起增長的心，因為善知識讓我增長佛的一切智。

在善知識面前生起**具足一切善根的心**，因為善知識讓我的志願能獲得圓滿。

在善知識面前生起能夠成辦大利益的心，因為善知識讓我自在地安住在所有菩薩修行法門，成就佛的一切智，證得一切佛法。這便是善財生起的十種心。

善男子，正如你所問的，我從何時開始發菩提心，修菩薩行？關於其中的義理，我承佛的神威如是之義，承佛神力，當為汝說。

善男子，菩薩智輪遠離一切分別境界，不可以生死中長短、染淨、廣狹、多少，如是諸劫分別顯示。何以故？菩薩智輪本性清淨，離一切分別網，超一切障礙山，隨所應化，而普照故。

善男子，譬如日輪，無有晝夜，但出時名晝，沒時名夜。菩薩智輪亦復如是，無有分別，亦無三世。但隨心現，教化眾

力，當然要為你說明。

善男子，**菩薩所具的智慧法輪，使菩薩遠離所有分別的境界，所以不能以生死的長短、其中所受染垢或清淨的範圍或程度，以如此的方式在各劫中分別說明。**為什麼呢？因為菩薩的智慧法輪本性清淨，遠離如網般綿密的所有分別，超越如山般的所有障礙，這是隨著眾生的根機，隨順教化的需要，而普照世間眾生的緣故。

善男子，就像是太陽，本質上沒有晝夜，隨時放出光明，但人們看到太陽出現便說是白天，看到日落便說是黑夜。菩薩的智慧法輪也是這樣，並沒有任何差別，也**沒有三世之分**。只是**隨著心念示**

生，言其止住前劫、後劫。

善男子，譬如日輪住閻浮空，其影悉現一切寶物，及以河海諸淨水中，一切眾生莫不目見，而彼淨日不來至此。菩薩智輪亦復如是，出諸有海，住佛實法寂靜空中，無有所依，為欲化度諸眾生故，而於諸趣隨類受生，實不生死，無所染著，無長短劫，諸想分別。何以故？菩薩究竟離心想，見一切顛倒，得真實見；見法實性，知一切世間如夢、如幻。無有

現，教化眾生，這便是所謂菩薩住世的時劫先後。

善男子，譬如太陽高掛在閻浮提的上空，它的影像普遍映現在所有寶物以及河海等清淨的水上，所有眾生都能看得到，但那清淨的太陽並沒有來到這裡。菩薩的智慧法輪也是一樣，出離如海的三界之有，安住在佛的真實法，這真實法寂靜有如太陽高掛天空，無所依靠。只是為了要度化眾生，所以在各道中隨順各道眾生種類而受生，**實際上並沒有生死，也沒有任何染著，沒有時間的長短**，以及種種不同的心想。為什麼呢？因為**菩薩已究竟遠離心想，見到世間的一切顛倒現象，獲得真實知見；見到一切現象的真實本性、實相，了知世間的一切部如夢如幻。根本沒有眾生**，只因為大悲的願力，所

眾生，但以大悲大願力故，現眾生前，教化調伏。

佛子，如太虛空，一切世界於中成壞，而無分別。本性清淨，無染無亂，無礙無厭，非長非短，盡未來劫持一切剎。菩薩摩訶薩亦復如是，以等虛空界廣大深心，起大願風輪，攝諸眾生，令離惡道，生諸善趣，悉令安住一切智地，滅諸煩惱生死苦縛，而無憂喜、疲厭之心。

以示現在眾生面前，教化調伏眾生。

佛子，又如太虛空，所有的世界部在這太虛空中成、住、壞、空，但太虛空本身沒有任何不同。**它本性清淨，不受染也不紊亂，不受阻礙也不滿溢，不是長也不是短，窮盡未來的時劫執持一切佛土世界。**大菩薩們也是這樣，以與虛空界相等的廣大深心生起大願的風輪，以慈悲心收取和護持眾生們，讓眾生遠離惡道，受生於種種善道，又讓眾生們**安住在佛一切智的境地，滅除種種煩惱、生死之苦的繫縛，而菩薩本身並不會有憂喜或疲倦滿足的心念。**

善男子，如幻化人，支體雖具，而無入息，及以出息、寒、熱、飢、渴、憂、喜、生、死十種之事。菩薩摩訶薩亦復如是。以如幻智平等法身，現眾色相，於諸有趣住無量劫，教化眾生，於生死中一切境界，無欣無厭，無愛無恚，無苦無樂，無取無捨，無安無怖。

善男子，又如幻化的人，雖然具備完整的肢體，但卻沒有入息、出息、寒、熱、飢、渴、憂、喜、生、死等十種現象。大菩薩們也是這樣。他們以如幻智的平等法身，示現種種色相，在三界各道中住持無數劫，教化各道眾生，但是自己對於生死中的一切境界，不感欣喜也不感厭倦，不喜愛也不忿怒，不感到苦也不感到快樂，不取也不捨，不覺得安定也不感到怖畏。

諸佛的境界
為何能夠遍滿法界無所障礙

善財童子五十參四十（卷七十四）

善男子，菩薩有十種受生藏，若菩薩成就此法，則生如來家，念念增長菩薩善根。不疲不懈，不厭不退，無斷無失，離諸迷惑。不生怯劣、惱悔之心。趣一切智，入法界門，發廣大心，增長諸度，成就諸佛無上菩提。捨世間趣，入如來地，獲勝神通，諸佛之法常現在前，順一切智真實義境。何等為十？

一者，願常供養一切諸佛受生藏；

善男子，菩薩有十種受生的修行寶藏。如果菩薩能夠成就這十種修行功德，就可以生於如來家，在念念之中不斷增長菩薩的善根。而且永不疲倦懈怠，不滿足不退轉，不會斷離失落，遠離種種迷惑。不會生起怯懦、卑劣、後悔的心。會趣向佛的一切智，走向入法界的大門，發起廣大的心，增長種種救度眾生的法門，成就諸佛所有的無上菩提。捨離世間的六道輪迴，入如來的果地，獲得殊勝的神通，種種的佛法時時出現在眼前，隨順佛一切智的真實義境。是哪**十種受生藏**？

一是願恆常供養一切諸佛的受生藏；

二者，發菩提心受生藏；
三者，觀諸法門勤修行受生藏；
四者，以深淨心普照三世受生藏；
五者，平等光明受生藏；
六者，生如來家受生藏；
七者，佛力光明受生藏；
八者，觀普智門受生藏；
九者，普現莊嚴受生藏；
十者，入如來地受生藏。
善男子，此菩薩住童真位，觀一切智。一一智門，盡無量

二是發起菩提心的受生藏；
三是觀察種種法門並勤於修行的受生藏；
四是以深切、清淨心遍照三世的受生藏；
五是平等光明的受生藏；
六是生於如來家的受生藏；
七是佛力光明的受生藏；
八是觀察普智法門的受生藏；
九是普遍示現莊嚴的受生藏；
十是入如來果地的受生藏。
善男子，這受生藏就是菩薩住於童真位，觀察佛的一切智。每一個智慧法門，在無量劫中，都

劫，開演一切菩薩所行。於諸菩薩甚深三昧，心得自在，念念生於十方世界諸如來所。於有差別境，入無差別定，於無差別法，現有差別智，於無量境，知無境界；於少境界入無量境，通達法性廣大無際，知諸世間悉假施設，一切皆是識心所起。是為菩薩第八受生藏。

善男子，摩耶夫人於畢洛叉樹下坐時，復現菩薩將欲誕生十種神變。何等為十？

善男子，菩薩將欲誕生之

開演菩薩所有的修行。對於菩薩們所修的甚深禪定，都已經心得自在，在念念之中能生在十方世界諸佛的面前，受佛的教化。**在不同的境界中，能進入無分別的禪定**，在沒有差別的現象中，能示現不同的認知智慧，在無量的境界中，能了知本來沒有境界；在狹小的境界中，能入無量的境界，通達現象的本性是廣大無邊的，了知種種世間本來就是假有，一切現象都是心王所生起。這便是菩薩的第八受生藏。

善男子，摩耶夫人坐在畢洛叉樹下時，又出現了菩薩即將誕生時的十種神變。是哪十種神變呢？

善男子，菩薩即將誕生時，欲界的諸天、天女，時，欲界諸天，天子、天女，及以色界一切諸天、諸龍、夜叉、乾闥婆、阿脩羅、迦樓羅、緊那羅、摩睺羅伽，並其眷屬，為供養故，悉皆雲集。摩耶夫人威德殊勝，身諸毛孔咸放光明，普照三千大千世界，無所障礙，一切光明悉皆不現。除滅一切眾生煩惱及惡道苦。是為菩薩將欲誕生第一神變。

又善男子，當爾之時，摩耶夫人腹中，悉現三千世界一切形像。其百億閻浮提內，各

以及色界的所有諸天、諸龍、夜叉、乾闥婆、阿修羅、摩睺羅伽等，以及他們的眷屬們，為了要供養菩薩，都來到這裡集會。摩耶夫人的威德十分殊勝，**身上的所有毛孔都放出光明，這光明遍照三千大千世界，毫無障礙**，其他的一切光明也因此而隱現不明。這光明除滅了眾生的所有煩惱，以及惡道中所受的種種苦。這便是菩薩即將誕生時，所出現的第一種神變。

再者，善男子，正當那時候，在摩耶夫人的腹部上，**出現了所有三千大千世界的一切影像**。在百億個不同世界中的閻浮提內，每個閻浮提各自有

有都邑，各有園林，名號不同。皆有摩耶夫人於中止住，天眾圍遶，悉為顯現菩薩將生不可思議神變之相。是為菩薩將欲誕生第二神變。

又善男子，摩耶夫人一切毛孔，皆現如來往昔修行菩薩道時，恭敬供養一切諸佛，及聞諸佛說法音聲。譬如明鏡，及以水中，能現虛空日月、星宿、雲雷等像。摩耶夫人身諸毛孔，亦復如是，能現如來往昔因緣。是為菩薩將欲誕生第

其都城、園林，各個名號也都不同。這些都城、園林各個都有摩耶夫人住在那裡，天眾們圍繞在身邊，**處處都示現了菩薩即將誕生時，不可思議的神變現象**。這便是菩薩即將誕生時，所出現的第二種神變。

再者，善男子，摩耶夫人身上的諸多毛孔，都示現了如來在過去世中，修行菩薩道時，恭敬供養一切諸佛的景像，以及聽聞諸佛說法的聲音。這就好像明鏡，以及水面，能顯現虛空中日月星辰及雲雷等的影像。**摩耶夫人身上的毛孔也是一樣，能示現如來在過去世中的所有因緣本事**。這便是菩薩即將誕生時，所出現的第三種神變。

三神變。

又善男子，摩耶夫人身諸毛孔，一一皆現如來往修菩薩行時，所住世界，城邑聚落，山林河海，眾生劫數，值佛出世，入淨國土，隨所受生，壽命長短，依善知識修行善法。於一切剎，在在生處，摩耶夫人常為其母。如是一切，於毛孔中靡不皆現。是為菩薩將欲誕生第四神變。

又善男子，摩耶夫人一一毛孔，顯現如來往昔修行菩薩

再者，善男子，摩耶夫人身上的諸多毛孔，每個都示現如來在過去世中，修行菩薩願行時，所安住的世界，城市或聚落，山林中或河海邊，所度化的眾生及在世劫數，值佛出世的因緣，進入並清淨佛土世界，隨順受生處教化眾生，壽命的長短，依善知識修行善法。以及在每一個佛土世界，任何地方受生，摩耶夫人都是他的生母。這一切無不在毛孔中一一示現。這便是菩薩即將誕生時，所出現的第四種神變。

再者，善男子，摩耶夫人的每一個毛孔中，都顯現如來過去世修行菩薩願行時，隨順眾生而受生

行時，隨所生處，色相形貌，衣服飲食，苦樂等事，一一普現，分明辨了。是為菩薩將欲誕生第五神變。

又善男子，摩耶夫人身諸毛孔，一一皆現世尊往昔修施行時，捨所難捨——頭目耳鼻，脣舌牙齒，身體手足，血肉筋骨，男女妻妾，城邑宮殿，衣服瓔珞，金銀寶貨。如是一切內外諸物，亦見受者形貌、音聲及其處所。是為菩薩將欲誕生第六神變。

的地方，種種不同的色相形貌，衣服飲食，以及所受苦樂等事象，這一切都一一示現，清楚能見。這便是菩薩即將誕生時，所出現的第五種神變。

再者，善男子，摩耶夫人身上的諸多毛孔，每個毛孔都顯現出世尊在過去世中，修習布施法門時，能施捨一切難捨之物，如頭、眼、耳、鼻、脣、舌、牙齒，身體、四肢，甚至是全身的血肉筋骨，還有身邊的僕人、妻妾、都城、宮殿、衣服、瓔珞、金銀財寶等。像這一切身內身外之物都能施捨，**每個毛孔中也都看到了受施眾生的形貌、聲音，以及他們的住處。**這便是菩薩即將誕生時，所出現的第六種神變。

又善男子，摩耶夫人入此園時，其林普現過去所有一切諸佛入母胎時，國土、園林、衣服、華鬘、塗香、末香、幡繒、幢蓋，一切眾寶莊嚴之事；妓樂歌詠上妙音聲。令諸眾生，普得見聞。是為菩薩將誕生時，第七神變。

又善男子，摩耶夫人入此園時，從其身出菩薩所住摩尼寶王宮殿、樓閣，超過一切天、龍、夜叉、乾闥婆、阿脩羅、迦樓羅、緊那羅、摩睺羅伽及

再者，善男子，摩耶夫人進入這園林時者，這林中普遍出現了在過去世中，所有諸佛在進入母胎受孕時，佛土、園林、衣服、花鬘、塗香、末香、幡繒、幢蓋，都呈現出一切莊嚴的景像；還有伎樂歌詠，發出美妙的聲音。讓眾生們都能看到、聽到這莊嚴美妙的一切。這便是菩薩即將誕生時，所出現的第七種神變。

再者，善男子，當摩耶夫人進入這園林時，從她的身上顯現出菩薩所居住的無垢寶王宮殿、樓閣，這宮殿、樓閣超過了所有天、龍、夜叉、乾闥婆、阿修羅、迦樓羅、緊那羅、摩睺羅伽，以及人間君王所住的宮樓。宮樓上面覆蓋著寶網，屋裡遍

諸人王之所住者，寶網覆上，妙香普熏，眾寶莊嚴，內外清淨。各各差別，不相雜亂，周匝遍滿嵐毘尼園。是為菩薩將誕生時，第八神變。

又善男子，摩耶夫人入此園時，從其身出十不可說百千億那由他佛剎微塵數菩薩。其諸菩薩身形容貌，相好光明，進止威儀，神通眷屬，皆與毘盧遮那菩薩等無有異，悉共同時讚歎如來。是為菩薩將誕生時，第九神變。

熏妙香，還有種種寶物莊嚴，裡外都十分清淨。**種種擺設井然有序，不會相互交雜，處處莊嚴**，遍滿了整個嵐毗尼園四周。這便是菩薩即將誕生時，所出現的第八種神變。

再者，善男子，當摩耶夫人進入這園林時，**從她的身上顯現出數量無法形容的、無量無數的菩薩**。那些菩薩們的身形容貌、相好光明、進止的威儀、神通力及眷屬，都與毗盧遮那菩薩相等，沒有任何差異，並且都同時讚歎如來。這便是菩薩即將誕生時，所出現的第九種神變。

又善男子，摩耶夫人將欲誕生菩薩之時，忽於其前，從金剛際出大蓮華，名為一切寶莊嚴藏。金剛為莖，眾寶為鬚，如意寶王以為其臺。有十佛剎微塵數葉，一切皆以摩尼所成寶網、寶蓋，以覆其上。一切天王所共執持；一切龍王降注香雨；一切夜叉王恭敬圍遶，散諸天華；一切乾闥婆王出微妙音，歌讚菩薩往昔供養諸佛功德；一切阿脩羅王捨憍慢心，稽首敬禮；一切迦樓羅王

再者，善男子，當摩耶夫人即將誕生菩薩時，在她的面前，忽然從金剛的表面上出生大蓮花，這蓮花名叫一切寶莊嚴藏。花莖是金剛所成，花鬚是眾寶所成，而以如意寶王為花台。這花有無量無數的花葉，都是如意寶珠所成。在寶花的上空，還有寶網、寶蓋覆蓋著。所有天界的天王共同執持這寶蓮花；所有的龍王都降下香雨；所有的夜叉王恭敬地圍繞在四周，散下種種的天花；所有的乾闥婆王發出微妙的聲音，歌詠讚歎菩薩在過去世中供養諸佛的功德；所有的阿修羅王捨離了憍慢心，低頭敬禮；所有的迦樓羅王從天空中垂下寶繒幡，遍滿整個虛空，所有的緊那羅王歡喜地瞻仰，歌詠讚歎菩薩的功德；所有的摩喉羅伽王都生起歡喜心，歌詠

垂寶繒幡，遍滿虛空；一切緊那羅王歡喜瞻仰，歌詠讚歎菩薩功德；一切摩睺羅伽王皆生歡喜，歌詠讚歎，普雨一切寶莊嚴雲。是為菩薩將誕生時第十神變。

善男子，嵐毘尼園示現如是十種相已，然後菩薩其身誕生。如虛空中現淨日輪；如高山頂出於慶雲；如密雲中而耀電光；如夜闇中而然大炬。爾時，菩薩從母脇生，身相光明亦復如是。

讚歎，並普遍降下如雲般的所有珍寶，作為莊嚴。

這便是菩薩即將誕生時，所出現的第十種神變。

善男子，當嵐毗尼園示現出這十種神變現象以後，菩薩的身體才從母體中誕生。就像天空中出現清淨的太陽；就像高山上出現祥瑞的雲氣；就像在濃密的烏雲中出現電光；就像在暗夜中燃起大火炬。當菩薩從母親的右脅下出生時，身相所現的光明也是如此。

善男子，菩薩爾時雖現初生，悉已了達一切諸法如夢如幻，如影如像，無來無去，不生不滅。

善男子，菩薩當時雖然示現初生的形像，但菩薩早已完全了達一切現象都如夢如幻，如影如像，沒有來也沒有去，沒有生也沒有滅。

為何能從菩薩每一個毛孔裡
可以見到如海的無邊眾生
又可以見到三世中
菩薩們無邊的修行法門

善財童子五十參四十一（卷七十五）

聖者，譬如有人，唯有一子，愛念情至。忽見被人割截肢體，其心痛切不能自安。菩薩摩訶薩亦復如是，見諸眾生以煩惱業，墮三惡趣，受種種苦，心大憂惱。

若見眾生起身、語、意三種善業，生天人趣受身心樂，菩薩爾時生大歡喜。

何以故？菩薩不自為故求一切智，不貪生死，諸欲快樂，不隨想倒、見倒、心倒、諸結、隨眠、愛見力轉。不起眾生種

聖者，譬如有個人只有一個兒子，對這兒子愛護之情至深。這兒子忽然被砍去了手腳，他的心十分痛切，以至慌亂無法安定。大菩薩也是這樣，看到眾生們因為造作了種種煩惱，墮落在三惡道，身受種種的痛苦，菩薩心中也會生起極大的憂悲苦惱。

相對地，若是看到眾生們造作身語意三種善業，轉生在天、人兩種善道，享受身心的快樂，此時菩薩便會生起大歡喜心。

為什麼呢？因為**菩薩不會為了自己而追求佛的一切智**，不會貪戀生死，以及種種欲望的快樂，不會隨著世間的顛倒想、顛倒的妄見、顛倒的心識，以及種種煩惱結、隨眠習氣、隨著情感執著及執著

種樂想，亦不味著諸禪定樂，非有障礙、疲厭、退轉，住於生死。但見眾生於諸有中，具受無量種種諸苦，起大悲心，以大願力，而普攝取。悲願力故，修菩薩行。為斷一切眾生煩惱，為求如來一切智智，為供養一切諸佛如來，為嚴淨一切廣大國土，為淨治一切眾生樂欲，及其所有身心諸行，於生死中無有疲厭。

認知的煩惱之力而流轉。不會生起如眾生般的世間種種快樂的想法，也不會執著於種種禪定的悅樂，在修行路上不會有障礙，不會疲倦滿足或退轉，不會安住在生死流轉中。只因為見到眾生以三界為實有，而受到無量的種種痛苦，因此生起大悲心，以大願力普遍收取和護持一切眾生。由於這大悲的願力，而修習菩薩願行。為了要斷除所有眾生的煩惱，為了要追求佛一切智的智慧，為了要供養一切諸佛如來，為了要莊嚴清淨一切廣大的佛土世界，為了要使一切眾生所欲所樂，以及身心所有業行都能清淨，所以在生死中修習菩薩願行，而永不疲倦滿足。

觀菩薩身，一一毛孔，念念見無量無邊廣大世界，種種安住，種種莊嚴，種種形狀。有種種山，種種地，種種雲，種種名。種種佛興，種種道場，種種眾會，演種種修多羅。說種種灌頂，種種諸乘，種種方便，種種清淨。

又於菩薩一一毛孔，念念常見無邊佛海。坐種種道場，現種種神變，轉種種法輪，說種種修多羅，恆不斷絕。又於菩薩一一毛孔，見無邊眾生海。

我觀察菩薩的身相，在每一個毛孔裡，念念之間見到無量無邊廣大的世界，這世界裡有種種不同的安住，種種不同的莊嚴，種種不同的形狀。有種種不同的山，種種不同的土地，種種不同的雲，種種不同的名稱。種種不同的佛出世，種種不同的道場，種種不同的法會，演說種種不同的經典。說種種不同的灌頂法會，種種不同的佛乘，種種不同的方便法，種種不同的清淨現象。

又可以從菩薩的每個毛孔裡，在念念之中時常見到如海的無邊如來。他們坐在種種不同的道場，展現種種不同的神通變化，轉動種種不同的法輪，演說種種不同的經典，而且永不斷絕。

種種住處，種種形貌，種種作業，種種諸根。

又於菩薩一一毛孔，見三世諸菩薩無邊行門。所謂無邊廣大願，無邊差別地，無邊波羅蜜，無邊往昔事，無邊大慈門，無邊大悲雲，無邊大喜心，無邊攝取眾生方便。

佛子，我於佛剎微塵數劫，念念如是觀於菩薩一一毛孔。已所至處，而不重至；已所見

又可以從菩薩的每個毛孔裡，見到如海的無邊眾生。他們各有種種不同的住處，種種不同的形貌，造作種種不同的業，種種不同的六根知覺。

又可以從菩薩的每個毛孔裡，見到三世中菩薩們無邊的修行法門。即所謂無邊的廣大願行，無邊的不同的修行地，無邊的救度眾生法門，無邊的修行往事，無邊的大慈法門，無邊的大悲法雲，無邊的大喜心，無邊的護持接引眾生的方便法。

佛子，我在無量無數劫裡，就這樣念念之中觀察菩薩的每一個毛孔。曾經到達的地方，就不再去了；已經看見之處，而不再重見。但如此不再重

處，而不重見。求其邊際，竟不可得。乃至見彼悉達太子，住於宮中，采女圍遶。我以解脫力，觀於菩薩一一毛孔，悉見三世法界中事。

覆，而要達到最終的邊際，竟然無法達到。直到我見到悉達多太子，住在王宮中，身邊圍繞著眾多的宮女。我就這樣以解脫的禪定力，觀察菩薩的每一個毛孔，見到了三世裡所有法界的所有事情。

菩薩為何能以
不變壞身
安住在三世中

善財童子五十參四二～四九
（卷七十六）

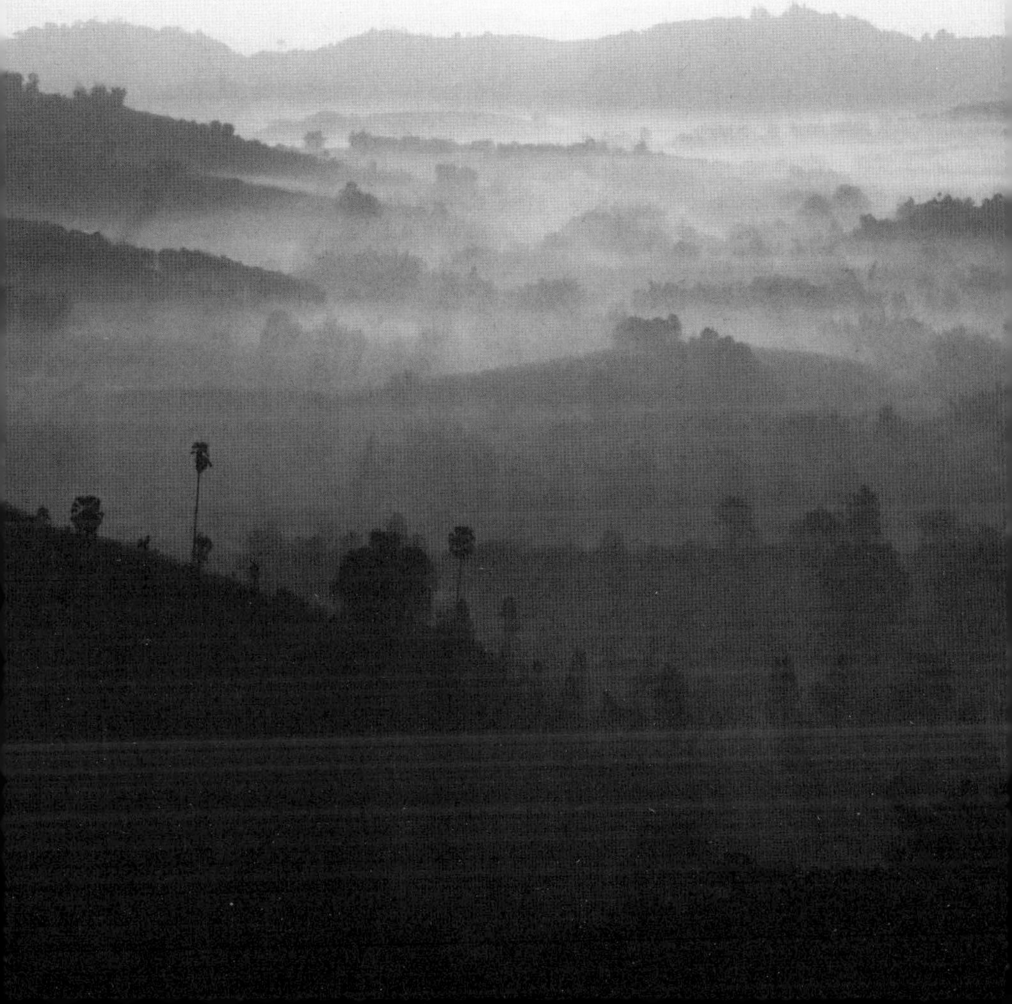

爾時，善財童子一心欲詣摩耶夫人所，即時獲得觀佛境界智。作如是念：是善知識，遠離世間，住無所住；超過六處，離一切著；知無礙道，具淨法身。以如幻業，而現化身；以如幻智，而觀世間；以如幻願，而持佛身。隨意生身，無生滅身，無來去身，非虛實身，不變壞身，無起盡身，所有諸相皆一相身，離二邊身，無依處身，無窮盡身，離諸分別。如影現身，知如夢身，了如像

此時的善財童子一心一意要去尋訪摩耶夫人，因此立即獲得了觀察佛境界的智慧。他心中想著：這位善知識遠離了世間，住在無所住之處；**超越了六根的活動，遠離一切執著；了知修行無礙之道，具備清淨的法身**。以如幻的業行，而示現化身；以如幻的智慧，來觀察世間；以如幻的誓願，持意追求佛身。隨順意生身，無生滅身，無來去身，非虛實身，不變壞身，無起盡身，**所有諸相都是一實相之身，遠離二邊身，無所依處身，無窮盡身，遠離種種分別**。所現的身相有如影子，了知身相如夢，了知身相如影像，都不是真實。有如清淨太陽的身體，遍在十方世界示現化身；以無變異身安住在三世中。不是肉體身心的身體，就像虛空般，來

身。如淨日身普於十方，而化現身；住於三世無變異身。非身心身，猶如虛空，所行無礙；超諸世眼，唯是普賢淨目所見。

菩薩爾時，以神通力，與諸菩薩普現一切兜率天宮。一一宮中，悉現十方一切世界閻浮提內受生影像，方便教化無量眾生，令諸菩薩離諸懈怠無所執著。

又以神力放大光明，普照世間，破諸黑闇，滅諸苦惱。令諸眾生皆識宿世所有業行，

去無礙；超越世間眾生眼目所能見，唯有普賢的清淨眼目所能見。

菩薩在那時候，便以神通力，與菩薩們共同示現出一切世界中的所有兜率天宮。每一個宮殿中，都示現十方所有世界的閻浮提內菩薩受生的影像，以這方便法教化無量的眾生，並且讓菩薩們遠離種種修行的懈怠，對世間無所執著。

菩薩又以神通力放出大光明，這光明普照世間，破除了種種黑暗，滅除了種種苦惱。讓眾生們都了解自己在過去世中所有的業行，而能永遠出離

永出惡道。

又為救護一切眾生，普現其前，作諸神變，現如是等諸奇特事，與眷屬俱，來入我身。彼諸菩薩於我腹中，遊行自在。或以三千大千世界而為一步，或以不可說不可說佛剎微塵數世界而為一步。又念念中，十方不可說不可說一切世界，諸如來所，菩薩眾會，及四天王天，三十三天，乃至色界諸梵天王，欲見菩薩處胎神變，恭敬供養，聽受正法，皆入我身。

惡道。

菩薩又為了要救護一切眾生，普遍現身在眾生面前，示現這些神通變化的現象，然後與眷屬們同行，進入我身體內。這些菩薩們在我腹中，依舊是遊行自在。他們或者以三千大千世界為一步，或者以數量無法形容、無量無數的世界為一步。並且在念念之中，在數量無法形容的十方所有世界中，諸佛道場裡的菩薩們，以及四天王天、三十三天，甚至是色界中的梵天王們，他們因為要見菩薩受胎時的種種神變，並月恭敬供養菩薩，聽受菩薩所說正法，都進入我身體內。**雖然我腹中能全數容納這些會眾，但身體並不因此而增大，也不因此顯得窄迫。**而那些菩薩們也都各自見到了自己身處在法會雖我腹中悉能容受如是眾會，而身不廣大亦不迫窄。其諸菩薩各見自處眾會道場，清淨嚴飾。

道場，這道場清淨而莊嚴。

具備無礙眼之人可以看見什麼
無礙者的住處是什麼樣子
善財童子五十參五十～五十一（卷七十七）

時童子、童女告善財言：「善男子，我等證得菩薩解脫，名為幻住。得此解脫故，見一切世界皆幻住，因緣所生故；一切眾生皆幻住，業煩惱所起故；一切世間皆幻住，無明、有、愛等，展轉緣生故；一切法皆幻住，我見等種種幻緣所生故；一切三世皆幻住，我見等顛倒智所生故；一切眾生生滅、生老病死、憂悲苦惱皆幻住，虛妄分別所生故；一切國土皆幻住，想倒、心倒、見倒

這時童子、童女使告訴善財：「善男子，我們所證得的菩薩解脫法門，名叫幻住。因為證得這解脫法門，所看見的一切世界都是依幻而住的，因為世界都是依於因緣而生成；一切眾生都是依幻而住的，因為眾生都是由業煩惱所生起；一切世間都是依幻而住的，因為世間都是無明、有、愛等，展轉相互為緣而生成；一切現象都是依幻而住的，因為這些現象都是我見等種種幻緣所生成；一切三世都是依幻而住的，因為**三世都是我見等顛倒智所生成**；一切眾生的生滅、生老病死、憂悲苦惱，都是如幻化般住留，因為都是眾生自己的虛妄、分別心所生成；**一切國土都是如幻化般住留，因為這些國土都是想顛倒、心顛倒、見顛倒、無明等的作用所**

無明所現故；一切聲聞、辟支佛皆幻住，智斷分別所成故；一切菩薩皆幻住，能自調伏教化眾生，諸行願法之所成故；一切菩薩眾會、變化、調伏、諸所施為皆幻住，願智幻所成故。善男子，幻境自性不可思議。」

作是念時，長不思議無量善根，即於一切菩薩深信尊重，生希有想，生大師想。諸根清淨，善法增益。起一切菩薩恭敬供養；作一切菩薩曲躬合

顯現；一切聲聞、獨覺都是如幻化般住留，因為這些都是以斷智、分別智所成就；一切菩薩都是如幻化般住留，因為菩薩都是能自我調伏，教化眾生，依於種種行願法門而得成就；一切菩薩的法會道場、神通變化、調伏眾生等等作為，都是如幻化般住留，因為這些都是菩薩大願的如幻智慧所成就。善男子，這一切幻境的真實自性實在難以思議。」

善財童子如此思惟時，增長了不可思議的無量善根，立即對一切菩薩感到深深信仰尊重，認為菩薩真是稀有，真是眾生的大師。善財六根清淨，善法不斷增益。生起要供養一切菩薩的念頭；生起要對一切菩薩合掌躬身恭敬的念頭；認為一切菩薩之

掌；生一切菩薩普見世間眼；生起一切菩薩普念眾生想；現一切菩薩無量願化身；出一切菩薩清淨讚說音；想見過、現一切諸佛及諸菩薩，於一切處示現成道神通變化，乃至無有一毛端處而不周遍。

又得清淨智光明眼，見一切菩薩所行境界。其心普入十方剎網，其願普遍虛空法界，三世平等，無有休息。如是一切，皆以信受善知識教，之所致耳。

眼能普見世間；生起一切菩薩能普遍護念世間眾生的念頭；示現一切菩薩是無量願的化身；生起要對一切菩薩以清淨音讚歎的念頭；見到一切諸佛及菩薩們，在一切處示現成道時的神通變化，**甚至是每一根毛的尖端無不周遍示現這些神通變化**。

善財又獲得了**清淨的智慧光明眼**，能見到一切菩薩所有修行的境界。**他的心遍入十方如網的佛土世界，他的大願遍及虛空界、法界，已達三世平等**，遍至而毫不休息。這一切的境界，都是因為信受善知識的教誨，才能達到。

尊重禮讚，盡未來際無有休息。等虛空，無邊量故；等法界，無障礙故；等實際，遍一切故；等如來，無分別故。猶如影，隨智現故；猶如夢，從思起故；猶如像，示一切故；猶如響，緣所發故；無有生，遞興謝故；無有性，隨緣轉故。

離於斷見，知迴向故；離於常見，知無生故；離無因見，知正因故；離顛倒見，知如實理故；離自在見，知不由他

窮盡未來的時間，永不休息。此時善財所入的境界，**與虛空相等，因為已是無邊無量；與法界相等，因為已沒有任何阻障；與實相的邊際相等，因為已遍在一切處；與如來相等，因為已沒有分別。**就像影子般，因為是隨智慧現身；就像夢境般，因為是由思惟所起；就像影像般，因為示現一切；就像聲音迴響般，因為是由緣發起；**沒有生，因為只是暫時的生滅現象；沒有本性，因為只是隨緣流轉。**

善財已經離開一切都將斷滅的觀念，因為已知迴向的道理；已離開一切都是常存的觀念，因為已知本來無生；已離開無因的觀念，因為已知正因生果的道理；**已離開顛倒見，因為已知如實的道理；**

故；離自他見，知從緣起故；離邊執見，知法界無邊故；離往來見，知如影像故；離有無見，知不生滅故；離一切法見，知空無生故，知不自在故，知願力出生故；離一切相，見入無相際故。知一切法如種生芽故，如印生文故。知質如像故，知聲如響故，知境如夢故，知業如幻故。了世心現故，了果因起故，了報業集故，了知一切諸功德法皆從菩薩善巧方便所流出故。

已離開一切自在獨立的觀念，因為已知外在一切並不由某人（或自己）決定；已離開自我與他人的分別，因為已知一切都是從緣生起；已離開偏執的觀念，因為已知法界無邊；已離開往來流轉的觀念，因為已知存在不過如影像般；**已離開有無二見，因為已知本來沒有生滅；**已離開一切現象實有的觀念，因為已知現象本空，**本來無生，不會自己存在，一切都是願力所生；已經離開一切外相為有相的觀念，因為已入無相的實際，**了知一切現象有如種子長出根芽，有如印刷而見文字。了知本質有如影像，聲音有如迴音，境界有如夢中所見，業報有如幻影。了知世間本來是心識所現，果由因而來，業報由業力聚集而成，了知一切功德法，都是從菩薩的善巧方便中流出。

是願住未來一切劫，而於諸劫無長短想者，之所住處。

是不離一毛端處，而普現身一切世界者，之所住處。

是能演說難遭遇法者之所住處。是能住難知法、甚深法、無二法、無相法、無對治法、無所得法、無戲論法者，之所住處。

是住大慈大悲者，之所住處。

是已度一切二乘智，已超一切魔境界，已於世法無所染，

是願意住於未來的一切時劫，但是對於諸劫卻不作長短等分別想者的住處。

是不離開一毛端處，而能普遍現身在一切世界者的住處。

是能夠演說難得遇上的佛法者的住處。是能安住於難以了知之法、甚為深奧之法、超越相對、差別之絕對法、無相法、無對治之法、無所得之法、無戲論之法（無法使人趨向解脫的執取法）者的住處。

是安住在大慈大悲者的住處。

是已經超越二乘的智慧，已經超越一切魔的境界，已經不受世間現象染垢，已經到達菩薩所能到

已到菩薩所到岸，已住如來所住處者，之所住處。

是雖離一切諸相，而亦不入聲聞正位；雖了一切法無生，而亦不住無生法性者；之所住處。

是雖觀於空，而不起空見；雖行無相，而常化著相眾生；雖行無願，而不捨菩提行願者；之所住處。

是雖於一切業煩惱中，而得自在，為化眾生故，而現隨

的彼岸，已經安住在如來所住之處者的住處。

是雖然已遠離種種相，但也不證入聲聞的正位；雖然了知一切現象本來無生，但也不住於不起不作諸行之法性者的住處。

是雖然身在一切業煩惱中，依舊自在而行，但是為了化度眾生，而示現隨順種種業煩惱；雖已遠離生死，但是為了化度眾生，而示現受生受死；雖然已經遠離一切受生道，但是為了化度眾生，而示現入生死輪迴的住處。

是雖然已經能依於慈心而行，但是對於眾生們卻能無所愛戀；雖然已經能依於悲心而行，但是對

順諸業煩惱；雖無生死，為化眾生故，示受生死；雖已離一切趣，為化眾生故，示入諸趣者；之所住處。是雖行於慈，而於諸眾生無所愛戀；雖行於悲，而於諸眾生無所取著；雖行於喜，而觀苦眾生，心常哀愍；雖行於捨，而不廢捨利益他事者；之所住處。

是雖行九次第定，而不厭離欲界受生；雖知一切法無生無滅，而不於實際作證；雖入三解脫門，而不取聲聞解脫；

於眾生們卻能無所執取；雖然已經能依於喜而行，但是看到眾生受種種苦，心中常懷哀憫；雖然已經能依於捨而行，卻能不廢捨利益他人之事者的住處。

是雖然已經能修行九次第定（指九種不同的禪定修行境界，為四禪八定與滅盡定的合稱），卻不厭離在欲界受生；雖然已經了知一切現象本來無生無滅，卻不證入實際（實相）；雖然已證入三解脫雖觀四聖諦，而不住小乘聖果；雖觀甚深緣起，而不住究竟寂滅；雖修八聖道，而不求永出世間；雖超凡夫地，而不墮聲聞辟支佛地；雖觀五取蘊，而不永滅諸蘊；雖超出四魔，而不分別諸魔；雖不著六處，而不永滅六處；雖安住真如，而不墮實際；雖說一切乘，而不捨大乘。此大樓閣是住如是等一切諸功德者，之所住處。

如是大乘諸度法，悉具足者之住處。

法門，卻不取聲聞解脫，雖然已經能觀察四聖諦法門，卻不住於小乘的果位；**雖然已經能觀察甚深的緣起法，卻不住於究竟的寂滅**；雖然已經修行八聖道，卻不去求取永遠出離世間；雖然已經超越凡夫的境地（入聖賢道），卻不墮落在聲聞、獨覺的修行地；雖然已經能觀察五蘊，卻不永久滅除五蘊；雖然已經超出惱害眾生的四魔，卻不去執著分別諸魔；雖然已經不執著於六處，卻也不去永遠滅除六處；**雖然已經安住於真如，卻也不墮入對實際（實相）的執著；雖然演說一切佛乘，卻能不捨大乘。**這大樓閣是安住在前面所說的種種功德者的住處。

這些大乘種種救度眾生的法門，都已具足者的住處。

智慧廣大如虛空，普知三世一切法，
無礙無依無所取，了諸有者之住處。
善能解了一切法，無性無生無所依，
如鳥飛空得自在，此大智者之住處。
了知三毒真實性，分別因緣虛妄起，
亦不厭彼而求出，此寂靜人之住處。
三解脫門八聖道，諸蘊處

智慧廣大有如虛空，
遍知三世的一切現象，
沒有任何阻礙，無所依靠，無所取著。
了知三界之有者的住處。
善於了解宇宙的一切現象，
已達無自性、無生、無所依靠的境界，
如鳥在天空中自在飛行，
這裡是具大智慧者的住處。
了知貪瞋痴三毒的真實內涵，
能分別因緣都是虛妄生起，
但也不因此而厭離，求出世間，
這裡是已入寂靜之人的住處。
空、無相、無願三解脫法門及八聖道，

界及緣起，

悉能觀察不趣寂，此善巧人之住處。

十方國土及眾生，以無礙智咸觀察，

了性皆空不分別，此寂滅人之住處。

普行法界悉無礙，而求行性不可得，

如風行空無所行，此無依者之住處。

佛子住於此，普現眾生前；

猶如日月輪，遍除生死暗。

五蘊、十二處、十八界，以及緣起現象，

已經都能觀察，又不趣入寂滅，

這裡是具善巧方便之人的住處。

對十方佛土世界及眾生，

都能以無礙的智慧觀察，

了知本性皆空沒有差別，

這裡是寂滅之人的住處。

遍行於法界都沒有阻礙，

求菩薩之大行與佛性而不可得，

有如風行於空中而不見行，

這裡是無所依者的住處。

佛子安住在這裡不動，而普遍現身眾生面前；

猶如日月遍照世間，除去世間的生死黑暗。

佛子住於此，普順眾生心，
變現無量身，充滿十方剎。
佛子住於此，遍遊諸世界，
一切如來所，無量無數劫。
佛子住於此，思量諸佛法，
無量無數劫，其心無厭倦。
佛子住於此，念念入三昧，
一一三昧門，闡明諸佛境。
佛子住於此，悉知一切剎，
無量無數劫，眾生佛名號。
佛子住於此，一念攝諸劫，
但隨眾生心，而無分別想。

佛子安住在這裡不動，普遍隨順眾生的心想，
化現為無量身，充滿十方佛土世界。
佛子安住在這裡不動，而能遍遊不同的世界中，
一切如來的道場，經歷無量無數劫。
佛子安住在這裡不動，思量諸佛的佛法，
歷經無量無數劫，心中永不厭倦。
佛子安住在這裡不動，在念念之中入於禪定，
在每一個禪定法門中，闡明諸佛的境界。
佛子安住在這裡不動，能遍知一切佛土世界中，
無量無數劫裡，眾生及佛的名號。
佛子安住在這裡不動，一念之間能以慈悲心收
取和護持諸劫眾生，
只是隨順眾生心想，不對諸劫眾生有差別想。

佛子住於此，修習諸三昧，
一一心念中，了知三世法。
佛子住於此，飲諸佛法海，
深入智慧海，具足功德海。
佛子住於此，悉知諸剎數，
世數眾生數，佛名數亦然。
佛子住於此，一念悉能了，
一切三世中，國土之成壞。
佛子住於此，普知佛行願，
菩薩所修行，眾生根性欲。
佛子住於此，見一微塵中，
無量剎道場，眾生及諸劫。
如一微塵內，一切塵亦然，

佛子安住在這裡不動，修習種種禪定，
在每一心念中，都能了知三世的種種現象。
佛子安住在這裡不動，飲盡如海的佛法，
深入如海的廣大智慧，具足如海的無盡功德。
佛子安住在這裡不動，盡知佛土的數量，
世間的數量、眾生的數量，以及佛的名稱數量。
佛子安住在這裡不動，一念之間能遍知，
一切三世中，佛土世界的成住壞空。
佛子安住在這裡不動，能遍知諸佛的行願，
菩薩的所有修行，眾生的根性欲望。
佛子安住在這裡不動，能見到一粒微塵中，
無量佛上道場、眾生及諸劫的事物。
如一微塵內所見，所有微塵內也都如此，

種種咸具足，處處皆無礙。
佛子住於此，普觀一切法，
眾生剎及世，無起無所有。
觀察眾生等，法等如來等，
剎等諸願等，三世悉平等。
佛子住於此，教化諸群生，
供養諸如來，思惟諸法性。
善來離迷惑，世法不能染，
利衰毀譽等，一切無分別。
善來施安樂，調柔堪受化；
諂誑瞋慢心，一切悉除滅。
善來真佛子，普詣於十方，
增長諸功德，調柔無懈倦。

種種都具足，處處都無礙。
佛子安住在這裡不動，遍觀宇宙一切現象，
眾生、佛土及三世，本來無生起，也無所有。
觀察眾生平等，現象平等，如來平等，
佛土平等，願行平等，三世的一切都平等。
佛子安住在這裡不動，而能教化眾生們，
供養諸佛如來，思惟現象的本性。
善來遠離迷惑，世間現象所不能染，
對利益、衰敗及毀譽等一切都已沒有分別。
善來能施安樂，調和柔順堪受教化；
諂曲、誑妄、瞋怒、驕慢心，這一切都已滅除。
善來是真正的佛子，遍至十方世界，
增長種種修行功德，調和柔順永不懈怠。

善來三世智，遍知一切法，
普生功德藏，修行不疲厭。

善來智慧能知三世，遍知宇宙一切現象，
普遍生起功德寶藏，修行無疲厭心。

如何破除一切無知　解除種種困惑

善財童子五十參五十二（卷七十八）

諸仁者，若有眾生能發阿耨多羅三藐三菩提心，是為希有；若發心已，又能如是精進方便，集諸佛法，倍為希有。

又能如是求菩薩道；又能如是淨菩薩行；又能如是事善知識；又能如是如救頭然；又能如是順知識教；又能如是堅固修行；又能如是集菩提分；又能如是不求一切名聞利養；又能如是不捨菩薩純一之心；又能如是不樂家宅，不著欲樂，不戀父母、親戚、知識，但樂

各位仁者，如果有眾生能發心追求無上正等正覺，這真是稀有難得；如果在發心以後，又能如此地以各種方法，精進努力，積集種種佛法，這事就更倍加少有了。

如果又能如此地追求菩薩道；如果又能如此地清淨菩薩行；如果又能如此地承事善知識；如果又能如此地像在搶救著火的頭；如果又能如此地以堅定的心志修行；如果能如此地像在搶救著火的頭；如果又能如此地隨順善知識的教誨；如果又能如此地以堅定的心志修行；**如果又能如此地積集菩提分**（為追求智慧，進入涅槃境界之三十七種修行方法）；**如果又能如此地不求一切名聲利養；如果又能如此地不捨棄菩薩精純一致的心；如果又能如此**

追求菩薩伴侶；又能如是不顧身命，唯願勤修一切智道。應知，展轉倍更難得。

善男子，如瑠璃寶，於百千歲，處不淨中，不為臭穢之所染著，性本淨故。菩薩摩訶薩菩提心寶，亦復如是。於百千劫住欲界中，不為欲界過患所染，猶如法界性清淨故。

善男子，譬如有寶，名淨光明，悉能映蔽一切寶色。菩

地不樂於自己的家宅，不執著於慾望和快樂，不眷戀父母、親戚、世俗的善知識，而只樂於追求菩薩伴侶；如果又能如此地不顧自己的身命，一心勤修佛一切智的法門。應該知道，這事就更輾轉倍加難得。

善男子，**就像是琉璃寶，在百千年中都處於不淨的環境裡，卻不會受到任何臭穢的汙染，因為它的自性本來清淨**。大菩薩的菩提心寶也是這樣。他們雖然住在欲界百千劫，卻不會被欲界中的任何過患所沾染，就像法界一般，因為**菩提心的自性本來清淨**。

善男子，譬如有一種名叫淨光明的寶物，它的光芒能遮蔽一切珍寶的光色。大菩薩們的菩提心寶

薩摩訶薩菩提心寶，亦復如是。悉能映蔽一切凡夫二乘功德。

善男子，譬如有寶，名為火焰，悉能除滅一切暗冥。菩薩摩訶薩菩提心寶，亦復如是。能滅一切無知暗冥。

善男子，譬如有人，以師子筋而為樂絃。其音既奏，餘絃悉絕。菩薩摩訶薩亦復如是。以如來師子波羅蜜身菩提心筋為法樂絃。其音既奏，一切五欲，及以二乘諸功德絃，悉皆斷滅。

也是這樣。他們的菩提心寶能遮蔽一切凡夫及二乘的功德。

善男子，譬如有一種名叫火焰的寶物，能悉數除滅世間的一切幽暗。大菩薩們的菩提心也是這樣。他們的菩提心寶能滅除一切無知幽暗。

善男子，譬如有人，用師子筋來製作樂弦。當他奏起音樂時，其他的樂弦都要斷去。大菩薩們也是這樣。他們以如來波羅蜜身的菩提心作為法樂的弦，就像是師子筋所做的樂弦。當法樂奏起時，所有的五欲，以及二乘種種功德弦，都要斷滅。

善男子，譬如有人，以牛羊等種種諸乳，假使積集，盈於大海，以師子乳一滴投中，悉令變壞，直過無礙。菩薩摩訶薩亦復如是，以如來師子菩提心乳，著無量劫業煩惱乳大海之中，悉令壞滅，直過無礙，終不住於二乘解脫。

善男子，譬如迦陵頻伽鳥，在卵中，有大勢力，一切諸鳥所不能及。菩薩摩訶薩亦復如是，於生死發菩提心，所有大悲功德勢力，聲聞、緣覺無能

善男子，譬如有人，如果以牛羊等種種的乳汁，集成如大海般；再用師子的乳汁滴一滴在裡面，整個如大海般的乳汁都要變壞，而且師子乳更是直通無礙。大菩薩們也是這樣。以有如師子乳的如來菩提心，滴在如乳汁大海般，無量劫中的業煩惱大海裡，這些業煩惱都要壞滅，而且**菩提心直通無礙，不會留在二乘的解脫法中。**

善男子，譬如迦陵頻伽鳥，雖然還未破殼，就已經有大勢力，所有的鳥類都不能相比。大菩薩們也是這樣；他們在生死的卵藏中，發起菩提心，**所具有的大悲功德勢力，不是聲聞、緣覺二乘人所能企及的。**

及者。

善男子，如金翅鳥王子，初始生時，目則明利，飛則勁捷，一切諸鳥雖久成長無能及者。菩薩摩訶薩亦復如是，發菩提心，為佛王子，智慧清淨，大悲勇猛，一切二乘，雖百千劫，久修道行，所不能及。

善男子，譬如大海，無能壞者。菩提心海亦復如是。諸業煩惱，二乘之心所不能壞。

善男子，譬如日光，星宿光明不能映蔽。菩提心日亦復

善男子，就像金翅鳥王的幼鳥，當牠剛出生時，眼睛就很明利，飛行也十分有力而快速。其他所有的鳥類，雖然已長成成鳥，也都無法相比。大菩薩們也是這樣，他們發起菩提心，成為佛的王子，具清淨的智慧、勇猛的大悲心，其他所有的二乘修行人，雖然經過百千劫長久的修行，也是無法企及的。

善男子，**譬如大海，沒有人能夠破壞。有如大海的菩提心也是這樣。種種業煩惱，以及二乘的心，都不能破壞。**

善男子，譬如太陽的光明，所有星辰的光明都無法遮蓋。有如太陽的菩提心也是這樣。一切二乘

如是。一切二乘無漏智光，所不能蔽。

善男子，如王子初生，即為大臣之所尊重，以種性自在故。菩薩摩訶薩亦復如是，於佛法中，發菩提心，即為耆宿、久修梵行、聲聞、緣覺所共尊重，以大悲自在故。

善男子，譬如王子，年雖幼稚，一切大臣皆悉敬禮。菩薩摩訶薩亦復如是，雖初發心修菩薩行，二乘耆舊皆應敬禮。

無漏（已證四諦）的智慧光明，都無法遮蓋。

善男子，就像王子雖然才剛出生，就受到大臣們的尊重，因為他的種性是與生俱來的。大菩薩們也是這樣。他們在佛法中發起菩提心，立刻便受到德高望重的長者、長久修習梵行的人、聲聞、緣覺等共同的尊重，這是因為他們本具的大悲心。

善男子，譬如王子雖然年紀輕輕，但所有的大臣們對他都十分恭敬。大菩薩們也是這樣，他們雖然才剛剛發心修習菩薩願行，二乘及德高望重的長者都應該禮敬他們。

為何將要命終的時候
每個人會看到不同的景象

善財童子五十參五十二（卷七十九）

或復於中，見諸如來，大眾圍遶；亦見其佛生處、種姓、身形、壽命、剎劫、名號、說法利益、教住久近，乃至所有道場眾會種種不同，悉皆明見。

又復於彼莊嚴藏內諸樓閣中，見一樓閣，高廣嚴飾，最上無比；於中悉見三千世界百億四天下、百億兜率陀天，一一皆有彌勒菩薩降神誕生、釋梵天王捧持頂戴、遊行七步、觀察十方、大師子吼、現為童子、居處宮殿、遊戲園苑、為

或者又看到如來們，受到大眾的圍繞；**又看到如來們的出現、出生、種姓、身相、壽命，所處的時劫、名號，說法利益眾生，教法住世時間的長短，以及所有法會道場，種種的不同，都能一一清楚地見到。**

又看到了在那莊嚴藏裡許多的樓閣中，有一座樓閣，它高聳廣大，最是殊勝無比；在這樓閣中，可以清楚地見看見三千大千世界中的百億四天下、百億兜率陀天，處處都有彌勒菩薩降神誕生。由釋梵天王手捧頭冠，彌勒降神誕生時即自己遊行七步，觀察十方，作大師子吼。身為童子時的居處宮殿，及遊戲作樂的園林。追求佛道時，出家修苦行的情形。示現接受牧羊女的乳糜，來到道場，降

一切智出家苦行、示受乳糜、往詣道場、降伏諸魔、成等正覺、觀菩提樹、梵王勸請轉正法輪、昇天宮殿而演說法、劫數壽量、眾會莊嚴、所淨國土、所修行願、教化成熟眾生方便、分布舍利、住持教法，皆悉不同。

譬如有人，將欲命終，見隨其業所受報相：行惡業者，見於地獄、畜生、餓鬼所有一切眾苦境界，或見獄卒手持兵仗或瞋或罵囚執將去，亦聞號

伏諸魔，成就正等正覺。坐在菩提樹下觀想，梵天王勸請轉正法，而升到天宮殿演說佛法。以及住世的劫數、壽命，法會莊嚴的情形，所清淨的佛土、所修習的行跡，教化成熟眾生的情形，方便分配各國舍利的情形，正法住世的情形，這一切都各不相同。

譬如有人，**將要命終的時候，便會看到隨著自己業力所應受報的現象**：造惡業的，便會看到地獄、畜生、餓鬼道中，所有一切諸苦的境界。或是看到獄卒，手持種種兵仗，或是怒目相向，或是口出罵言，擒捉而去，同時又聽到嚎叫悲嘆的聲音，

叫、悲歎之聲，或見灰河，或見鑊湯，或見刀山，或見劍樹，種種逼迫，受諸苦惱；作善業者，即見一切諸天宮殿無量天眾、天諸采女，種種衣服具足莊嚴，宮殿、園林盡皆妙好。身雖未死，而由業力見如是事。善財童子亦復如是，以菩薩業不思議力，得見一切莊嚴境界。

譬如有人，為鬼所持，見種種事，隨其所問，悉皆能答。善財童子亦復如是，菩薩智慧之所持故，見彼一切諸莊嚴事，

或是看到灰河地獄，或是看到鑊湯地獄，或是看到刀山地獄，或是看到劍樹地獄，受到種種恐懼的逼迫，身受種種的苦惱；造善業的，便會看到所有諸天的宮殿，無量的天眾，以及天界的宮女們，種種的衣服都具足莊嚴；各處的宮殿、園林，也都微妙美好。他們雖然還未死亡，但是**由於業力的關係，才會看到這些現象**。善財童子也是這樣，因為菩薩不可思議的業力，便能看見這一切莊嚴的境界。

譬如有人，受到鬼的攝持，能見到種種的事物，隨便別人所問，都能回答。善財童子也是這樣；**受到菩薩智慧的攝持，能見到那一切種種莊嚴事物，如果有人問他，他沒有不能回答的。**

若有問者，靡不能答。

譬如有人，為龍所持，自謂是龍，入於龍宮，於少時間，自謂已經日月年載。善財童子亦復如是，以住菩薩智慧想故，彌勒菩薩所加持故，於少時間謂無量劫。

譬如梵宮，名莊嚴藏，於中悉見三千世界一切諸物不相雜亂。善財童子亦復如是。於樓觀中，普見一切莊嚴境界種種差別不相雜亂。

譬如比丘，入遍處定，若

譬如有人受到龍的攝持，自認為自己是龍，進到龍宮中，雖然只是短暫的時問，自己卻認為已經過了很長的年歲。善財童子也是這樣。因為安住於菩薩的智慧心想，因為受到彌勒菩薩神力的加持，雖然只是短暫的時間，卻可認為是無量劫的長時間。

譬如名叫莊嚴藏的梵天宮，在這莊嚴藏中，能悉數見到三千大千世界中的所有事物，而且不會相互錯亂。善財童子也是這樣。**能在樓觀中，普遍見到一切莊嚴境界的種種差別現象，而且不會相互錯亂。**

譬如比丘，因為已證入遍處定，無論行、住、行、若住、若坐、若臥，隨所入定，境界現前。善財童子亦復如是，入於樓觀，一切境界悉皆明了。

彌勒告言：「善男子，此解脫門名入三世一切境界不忘念智莊嚴藏。善男子，此解脫門中，有不可說不可說解脫門，一生菩薩之所能得。」

善財問言：「此莊嚴事，何處去耶？」

彌勒答言：「於來處去。」

曰：「從何處來？」

坐、臥，都能隨時入定，而使境界現前。善財童子也是這樣，他進入樓觀以後，所有的境界都能悉數明白清楚。

彌勒告訴善財：「善男子，這解脫法門名叫入三世一切境界不忘念智莊嚴藏。善男子，這解脫法門中，包含了數量無法形容的解脫法門，只有最後一生菩薩才能證得。」

善財又問：「這些莊嚴的現象，會往何處去？」

彌勒回答：「往來處去。」

善財又問：「這又是從何處來？」

曰：「從菩薩智慧神力中來，依菩薩智慧神力而住，無有去處，亦無住處，非集非常，遠離一切。善男子，如龍王降雨，不從身出，不從心出，無有積集，而非不見。但以龍王心念力故，霈然洪霔，周遍天下。如是境界不可思議。善男子，彼莊嚴事亦復如是，不住於內，亦不住外，而非不見。但由菩薩威神之力，汝善根力，見如是事。善男子，譬如幻師作諸幻事，無所從來，無所至

彌勒回答：「這些莊嚴的現象都是從菩薩的智慧神力中來，依於菩薩的智慧神力而住留，**它沒有去處，也沒有住處。不是積聚而成，也不是恆常不變，遠離一切言語所能說的現象。**

善男子，就像龍王要降雨，不是從身上出來，也不是從心中出來，沒有先行積集，也不是看不見。只是憑著龍王心念的力量，便降下傾盆大雨，遍滿天下。這境界不是可以想像的。

善男子，這些莊嚴的現象也是這樣。**它不住於內，也不住於外，**但也不是看不到。**只要憑著菩薩的威神之力，以及你的善根力，就可以看到這些現象。**

男子，譬如幻化師，製造種種幻化的現象。這

去。雖無來去，以幻力故，分明可見。彼莊嚴事亦復如是，無所從來，亦無所去。雖無來去，然以慣習不可思議幻智力故，及由往昔大願力故，如是顯現。」

些現象沒有來處，也沒有去處。雖然沒有來也沒有去，但是因為幻化力的緣故，卻是分明可見。這些莊嚴的現象也是這樣，**它沒有來處，也沒有去處**。雖然沒有來也沒有去，但是因為本來而長久不變、不可思議、如幻的智力，以及**過去大願力的緣故，便會如此顯現**。」

一切入於一
一亦入於一切
這是否是隨著眾生的心識而示現

善財童子五十參五十三（卷八十）

善財童子從初發心，乃至得見普賢菩薩，於其中間所入一切諸佛剎海，今於普賢一毛孔中一念所入諸佛剎海，過前不可說不可說佛剎微塵數倍。如一毛孔，一切毛孔悉亦如是。

善財童子於普賢菩薩毛孔剎中行一步，過不可說不可說佛剎微塵數世界。如是而行，盡未來劫，猶不能知一毛孔中剎海次第，剎海藏，剎海差別，剎海普入，剎海成，剎海壞，剎海莊嚴，所有邊際。亦不能

拿善財童子從初發心以來，直到得見普賢菩薩，這中間**所進入的、如海的佛土世界，來與今天在普賢的一個毛孔中，在一念之間所進入的、如海的佛土世界相比，今天所進入的佛土世界的數量，超越了過去無量無數倍**。在一毛孔中所見是這樣，其他所有毛孔中所見，也都是如此。

善財童子在普賢菩薩毛孔中的佛土中行走一步，即跨過無量無數的世界。以這樣的跨步行走，既使窮盡未來時劫，也仍舊不能了知在一毛孔中如海佛土的次第，如海佛土的容量（數量），如海佛土的差別，所遍入的佛土，如海佛土的成，如海佛土的壞，如海佛土的莊嚴，所有這些的邊際。也不能了知如海諸佛的次第，如海諸佛的數量，如海諸

知佛海次第，佛海藏，佛海差別，佛海普入，佛海生，佛海滅，所有邊際。亦不能知菩薩眾海次第，菩薩眾海藏，菩薩眾海差別，菩薩眾海普入，菩薩眾海集，菩薩眾海散，所有邊際。亦不能知入眾生界，知眾生根，教化調伏諸眾生智，菩薩所住甚深自在，菩薩所入諸地諸道，如是等海所有邊際。

善財童子於普賢菩薩毛孔剎中，或於一剎，經於一劫，如是而行，乃至或有經不可說

佛的差別，所遍入的如海諸佛，如海諸佛的受生，如海諸佛的滅度，所有這些現象的邊際。也不能了知如海菩薩眾的出興次第，如海菩薩眾的數量，如海菩薩眾的差別，所遍入的如海菩薩眾，所聚集的如海菩薩眾，離散的如海菩薩眾，所有這些現象的邊際。也不能了知所入的眾生界，所了知的眾生根性，教化調伏諸眾生的智慧，菩薩所安住的、甚深的自在境界，菩薩所進入的種種修行地及眾生受生的六道，這如海的一切的邊際。

善財童子在普賢菩薩毛孔中的佛土中如此行走，有時候是一佛土用了一劫的時間，或者甚至是一佛土便用去了無量無數的時劫。**如此不斷地走**

不可說佛刹微塵數劫。如是而行，亦不於此刹沒，於彼刹現，念念周遍無邊刹海，教化眾生，令向阿耨多羅三藐三菩提。

佛智廣大同虛空，
普遍一切眾生心；
悉了世間諸妄想，
不起種種異分別。
一念悉知三世法，
亦了一切眾生根；
譬如善巧大幻師，
念念示現無邊事。
隨眾生心種種行，

著，也不在這佛土中消失，也不在另一佛土中出現，念念之間便遍及了無邊的佛土世界，在那無邊的佛土世界中，教化眾生，讓他們都能趣向無上正等正覺的佛道。

佛的智慧廣大有如虛空，
普遍存在每一位眾生心中；
完全了知世間眾生的種種妄想，
不會對任何現象生起種種不同的分別。
一念之間便能完全了知三世的一切事物，
也完全了知眾生的根性；
猶如善巧的大幻師，
念念之間示現無邊的事物。
隨順眾生心中所樂，而有種種作為，

往昔諸業誓願力，
令其所見各不同，
而佛本來無動念。
或有處處見佛坐，
充滿十方諸世界；
或有其心不清淨，
無量劫中不見佛。
或有見佛久涅槃，
或見初始成菩提；
或有住於無量劫，
或見須臾即滅度。

身相光明與壽命，

由於過去世中種種業行的誓願力，
讓眾生們所見各有不同，
而佛本來就完全沒有動念。
有些人處處都看到佛坐在師子座上，
充滿了十方諸世界；
有些人因為心地不清淨，
既使無量劫中也見不到佛。
或者見到佛久住於涅槃，
或者見到佛才剛成就菩提道；
或者見到佛安住在無量時劫中，
或者見到佛短暫住世就滅其煩惱，度脫生死，
不再受生死流轉。

世尊的身相光明與壽命長短，

智慧菩提及涅槃，
眾會所化威儀聲，
如是一一皆無數。
或現其身極廣大，
譬如須彌大寶山；
或見跏趺不動搖，
充滿無邊諸世界。
或見圓光一尋量，

或見千萬億由旬，
或見照於無量土，
或見充滿一切剎。
或見佛壽八十年，

智慧菩提與涅槃，
法會中教化眾生的威儀聲，
這一切都各有無量無數。
或者示現世尊的身相極為廣大，
有如須彌大寶山；
或者見到世尊結跏趺坐不動搖，
身相充滿在無邊的不同世界中。
或者見到世尊頭上的圓光有一尋（古時八尺為一尋），

或者見到圓光有千萬億由旬，
或者見到光明照耀在無數佛土世界，
或者見到身相充滿所有佛土世界。
或者見到佛的壽命有八十歲，

或壽百千萬億歲，
或住不可思議劫，
如是展轉倍過此。
佛智通達淨無礙，
一念普知三世法，
皆從心識因緣起，
生滅無常無自性。
於一剎中成正覺，
一切剎處悉亦成，
一切入一一亦爾，
隨眾生心皆示現。
如來住於無上道，
成就十力四無畏；

或者見到佛的壽命有百千萬億歲，
或者住於不可思議的無量劫中，
如此展轉超過這樣好多倍。
佛的智慧通達，清淨無礙，
一念之間能遍知三世的一切事物，
這一切現象都是從心識的因緣而生起，
生滅無常，沒有自性。
佛在一佛土中成就正等正覺，
在一切佛土中也都如此成就，
一切入於一，一亦入於一切，
這些都是隨著眾生的心識而示現。
如來住於無上佛道，
成就佛的十力與四無畏；

具足智慧無所礙，
轉於十二行法輪。
了知苦集及滅道，
分別十二因緣法；
法義樂說辭無礙，
以是四辯廣開演。
諸法無我無有相，
業性不起亦無失，
一切遠離如虛空，
佛以方便而分別。
佛身功德海亦爾，
無垢無濁無邊際；

具足智慧，沒有任何障礙，
三轉四諦法輪。
了知苦、集、滅、道四諦，
能分別十二因緣法；
法、義、樂、說（指佛、菩薩等所具有的四種自在無礙辯）四種辯才無礙，
以此四種辯才廣為開演佛法。
宇宙中本來沒有主體的我，也沒有真實的存在，
業性（對三業作用之本體）不起，也不會消失，
一切都遠離，有如虛空，
佛只是為了方便教化，才作分別。
佛身的功德大海也是這樣，
無垢無濁，更是沒有邊際；

乃至法界諸眾生，
靡不於中現其影。
譬如淨日放千光，
不動本處照十方；
佛日光明亦如是，
無去無來除世暗。
譬如龍王降大雨，
不從身出及心出，
而能霑洽悉周遍，
滌除炎熱使清涼。
如來法雨亦復然，
不從於佛身心出，
而能開悟一切眾，
普使滅除三毒火。

甚至法界所有眾生的形像，
無不在這中間顯現形像。
就像清淨的太陽放出千道光明，
太陽在本處不動光明照耀十方；
佛有如太陽的光明也是這樣，
沒有來沒有去，而能除去世間黑暗。
就像龍王降下大雨，
雨水既不從身出，又不從心出，
雨露能滋潤萬物，周遍世間，
洗去炎熱，令大地清涼。
如來的法雨也是這樣，
不從佛的身與心出生法雨，
而能開悟一切眾生，
普遍使眾生滅除貪瞋痴三毒之火。

國家圖書館出版品預行編目（CIP）資料

華嚴經開悟後的生活智慧：入法界品精要 / (唐)
實叉難陀原譯；蕭振士, 梁崇明編譯. --
-- 初版. -- 新北市：大喜文化, 民2019.05
面；　公分. -- (經典精要；108001)
ISBN 978-986-97518-3-4(平裝)

1.華嚴部

221.2　　　　　　　　　　　　　108003978

經典精要 001

華嚴經開悟後的生活智慧：入法界品精要

原　　譯：實叉難陀
編　　譯：蕭振士、梁崇明
編　　輯：謝文綺
發 行 人：梁崇明
出 版 者：大喜文化有限公司
封面設計：大千出版社
登 記 證：行政院新聞局局版台省業字第 244 號
P.O.BOX ：中和市郵政第 2-193 號信箱
發 行 處：23556 新北市中和區板南路 498 號 7 樓之 2
電　　話：02-2223-1391
傳　　真：02-2223-1077
E-Mail：darchentw@gmail.com
銀行匯款：銀行代號：006　帳號：002-120-348-27
　　　　　臺灣企銀　帳戶：大喜文化有限公司
劃撥帳號：5023-2915，帳戶：大喜文化有限公司
總經銷商：聯合發行股份有限公司
地　　址：231 新北市新店區寶橋路 235 巷 6 弄 6 號 2 樓
電　　話：02-2917-8022
傳　　真：02-2915-7212
出版日期：2019 年 5 月
流 通 費：$350
網　　址：www.facebook.com/joy131499
I S B N：978-986-97518-3-4